국민 KOOKMIN KOREAN 한국어 I
Workbook

국민 KOOKMIN KOREAN
한국어
I 워크북

초 판 1 쇄 2012년 12월 14일
초 판 2 쇄 2014년 10월 02일
초 판 3 쇄 2016년 02월 29일
2 판 1 쇄 2017년 02월 28일
2 판 2 쇄 2017년 12월 14일
2 판 3 쇄 2019년 09월 30일
2 판 4 쇄 2021년 12월 10일
2 판 5 쇄 2022년 09월 28일
2 판 6 쇄 2023년 09월 12일
2 판 7 쇄 2025년 01월 20일
2 판 8 쇄 2025년 11월 17일

편 집 인 국민대학교 국제교육원
집 필 진 정연희, 박근영, 최수현, 윤보은, 이경진
감 수 김호정, 이동은
전 화 02-910-5814

발 행 인 정승렬
발 행 처 국민대학교 출판부
등 록 1975년 6월 17일 제6-33호
주 소 서울특별시 성북구 정릉로 77
전 화 02-910-4242
팩 스 02-910-4240

인쇄·편집 삼아인쇄사
전 화 02-2272-2126

ISBN 978-89-7812-400-3 14710

값 13,000원

차 례

1과 한글 (1)

ㅏ ㅓ ㅗ ㅜ ㅡ ㅣ

1. 쓰세요.

아	아					
어		어				
오			오			
우				우		
으					으	
이						이

2. 다음 단어를 읽고 쓰세요.

아	이	아	이				
아	우						
오	이						

ㄱ ㄴ ㅁ ㅅ ㅇ

1. 쓰세요.

	ㅏ	ㅓ	ㅗ	ㅜ	ㅡ	ㅣ
ㄱ	가	거	고	구	그	기
ㄴ						
ㅁ						
ㅅ						
ㅇ	아	어	오	우	으	이

2. 다음 단어를 읽고 쓰세요.

가	구	가	구				
나	무						
누	나						
나	이						
시	소						

누	구	누	구				
어	느						
미	소						
수	고						
거	기						

2과 한글 (2)

ㅑ ㅕ ㅛ ㅠ

1. 쓰세요.

	ㅑ		ㅕ		ㅛ		ㅠ	
ㄱ	갸	갸						
ㄴ			녀	녀				
ㅁ					묘	묘		
ㅅ							슈	슈
ㅇ	야		여		요		유	

2. 다음 단어를 읽고 쓰세요.

우	유	우	유				
교	사						
야	구						
요	가						
여	기						

ㄷ ㄹ ㅂ ㅈ ㅎ

1. 쓰세요.

	ㅏ	ㅑ	ㅓ	ㅕ	ㅗ	ㅛ	ㅜ	ㅠ	ㅡ	ㅣ
ㄷ	다						두			
ㄹ		랴						류		
ㅂ			버						브	
ㅈ				져						지
ㅎ					호		후			

2. 다음 단어를 읽고 쓰세요.

다	리	다	리				
도	리						
더	미						
도	시						
노	루						
바	지						
보	다						
부	자						
자	리						
저	기						
조	기						
주	스						
호	주						
호	두						
허	리						
휴	지						

ㅋ ㅌ ㅍ ㅊ

1. 쓰세요.

	ㅏ	ㅑ	ㅓ	ㅕ	ㅗ	ㅛ	ㅜ	ㅠ	ㅡ	ㅣ
	카									
ㅋ										
			터							
ㅌ										
					포					
ㅍ										
							추			
ㅊ										

2. 다음 단어를 읽고 쓰세요.

쿠	키	쿠	키				
도	쿄						
켜	다						
타	조						
투	수						
터	키						
파	도						
포	수						
펴	다						
커	피						
피	리						
추	수						
치	아						
기	차						

3과 한글 (3)

ㅐ ㅔ ㅒ ㅖ ㅘ ㅝ ㅚ ㅟ ㅢ ㅙ ㅞ

1. 쓰세요.

	ㅐ	ㅔ	ㅒ	ㅖ	ㅘ	ㅝ	ㅚ	ㅟ	ㅢ	ㅙ	ㅞ
ㄱ	개							귀			
ㄴ		네							늬		
ㄷ		데							듸		
ㄹ				례							뤠
ㅁ		메					뫼				
ㅂ						붜					
ㅅ										쇄	

	ㅐ	ㅔ	ㅒ	ㅖ	ㅘ	ㅝ	ㅚ	ㅟ	ㅢ	ㅙ	ㅞ
ㅇ	애							위			
ㅈ			쟤								
ㅊ							최				
ㅋ				켸							퀘
ㅌ					톼						
ㅍ						풔					
ㅎ							회				

2. 다음 단어를 읽고 쓰세요.

가	게	가	게			과	자	과	자		
아	래					의	사				
배	우					회	의				
샤	워					쉬	다				
가	위					얘	기				
시	계					돼	지				

매	워	요									
외	워	요									
하	얘	요									
웨	이	터									
화	내	요									
체	해	요									
취	해	요									
계	세	요									

받침1 : 홑받침

1. 쓰세요.

박	박						
녘		녘					
안	안						
곧	곧						
밭		밭					
곳			곳				
낮				낮			
낯					낯		
넣						넣	
알	알						
감	감						
강	강						
밥		밥					
앞			앞				

2. 다음 단어를 읽고 쓰세요.

수	박	수	박						
한	국	한	국						
부	엌								
언	니								
레	몬								
남	산								
김	치								
듣	다								
붙	다								
낫	다								
히	읗								
가	을								
일	본								
무	릎								
덮	밥								
몽	골								

4과 한글 (4)

ㄲ ㄸ ㅃ ㅆ ㅉ

1. 쓰세요.

	ㅏ	ㅓ	ㅗ	ㅜ	ㅡ	ㅣ
ㄲ	까					
ㄸ			또			
ㅃ					쁘	
ㅆ		써				
ㅉ				쭈		

2. 다음 단어를 읽고 쓰세요.

까	치									
꼬	리									
딸	기									
가	짜									
찌	개									
아	빠									
빨	리									
싸	다									
날	씨									

바	꾸	다								
쓰	레	기								
따	르	다								
짜	장	면								
바	쁘	다								

받침2 : 겹받침

1. 다음 단어를 읽고 쓰세요.

닭 다			닭 아		
넋 과			넋 이		
밝 다			밝 아		
앉 다			앉 아		
많 다			많 아		
젊 다			젊 어		
넓 다			넓 어		
싫 다			싫 어		
밟 다			밟 아		
훑 다			훑 어		
읊 다			읊 어		
없 다			없 어		
있 다			있 어		

5과 어느 나라 사람입니까?

어휘

1. 《보기》에서 알맞은 단어를 골라 쓰세요.

《보기》 의사 요리사 경찰관 통역사 기자 미용사 회사원
가수 운동선수 선생님 변호사 간호사

입니다/입니까?

1. 《보기》와 같이 쓰세요.

《보기》 경찰관 → 경찰관입니다.

1) 요리사 → ____________________.
2) 선생님 → ____________________.
3) 학생 → ____________________.
4) 가수 → ____________________.
5) 기자 → ____________________.

2. 그림을 보고 《보기》와 같이 대화를 완성하세요.

《보기》

가 : 선생님입니까?
나 : 네, 선생님입니다.

1)

가 : 회사원입니까?
나 : ____________________.

2)

가 : 의사입니까?
나 : ____________________.

3)

가 : ______________________________?

나 : ______________________________.

4)

가 : ______________________________?

나 : ______________________________.

5)

가 : ______________________________?

나 : ______________________________.

3. 그림을 보고 《보기》와 같이 대화를 완성하세요.

《보기》

가 : 어느 나라 사람입니까?

나 : <u>몽골 사람입니다</u>.

1)

가 : 어느 나라 사람입니까?

나 : ______________________________.

2)

가 : 어느 나라 사람입니까?

나 : ______________________________.

3)

가 : 어느 나라 사람입니까?

나 : ______________________________.

4)

가 : ______________________________?

나 : ______________________________.

5)

가 : ______________________________?

나 : ______________________________.

은/는

1. 맞는 것을 고르세요.

1) 저(은, 는) 중국 사람입니다.

2) 김윤아(은, 는) 학생입니다.

3) 우리 선생님(은, 는) 한국 사람입니다.

4) 마이클(은, 는) 경찰입니다.

5) 장핑(은, 는) 요리사입니다.

2. 그림을 보고 보기와 같이 문장을 완성하세요.

보기

카오루

카오루는 일본 사람입니다.

1)

마이클

________ 캐나다 사람입니다.

2)

이지선

________ 미용사입니다.

3)

선생님

________________.

4)

알렉세이

________________.

5)

왕쯔이

________________.

6)

미나

________________.

6과 그것이 마키 씨 지갑입니다

어휘

1. 그림을 보고 □에 알맞은 단어를 쓰세요.

2. 그림을 보고 맞는 단어를 고르세요.

1) (라디오, 의자)

2) (가방, 지갑)

3) (공책, 사전)

4) (휴대 전화, 안경)

5) (필통, 지갑)

6) (컴퓨터, 텔레비전)

7) (책, 공책)

이/가

1. 맞는 것을 고르세요.

1) 카오루(이, 가) 일본 사람입니다.

2) 압둘라(이, 가) 사우디아라비아 사람입니다.

3) 선생님(이, 가) 한국 사람입니다.

4) 왕쯔이(이, 가) 의사입니다.

5) 장핑(이, 가) 요리사입니다.

6) 이지훈(이, 가) 학생입니다.

2. 그림을 보고 【보기】와 같이 대화를 완성하세요.

【보기】

왕쯔이

가 : 이름이 무엇입니까?
나 : 왕쯔이입니다.
가 : 왕쯔이 씨 직업이 무엇입니까?
나 : 의사입니다.

1)

마이클

가 : 이름이 무엇입니까?
나 : ______________________.
가 : 마이클 씨, 직업이 무엇입니까?
나 : ______________________.

2)

이리나

가 : 이름이 무엇입니까?
나 : ______________________.
가 : 이리나 씨, 직업이 무엇입니까?
나 : ______________________.

3)

제프리

가 : 이름이 무엇입니까?

나 : ____________________.

가 : 제프리 씨, 직업이 무엇입니까?

나 : ____________________.

4)

김윤아

가 : ____________________?

나 : ____________________.

가 : ____________________?

나 : ____________________.

5)

투이

가 : ____________________?

나 : ____________________.

가 : ____________________?

나 : ____________________.

이/그/저

1. 그림을 보고 알맞은 단어를 고르세요.

1)

(이것, 그것, 저것)이 지도입니다.

2)

(이것, 그것, 저것)이 텔레비전입니다.

3)

(이것, 그것, 저것)이 필통입니다.

4)

(이것, 그것, 저것)이 달력입니다.

5)

(이것, 그것, 저것)이 시계입니다.

6)

(이것, 그것, 저것)이 연필입니다.

2. 그림을 보고 《보기》와 같이 대화를 완성하세요.

《보기》

가 : 이것이 무엇입니까?

나 : 의자입니다.

1)

가 : ____________ 무엇입니까?

나 : 책상입니다.

2)

가 : ____________ 무엇입니까?

나 : 시계입니다.

3)

가 : ____________ 무엇입니까?

나 : ____.

4)

가 : ____?

나 : ____.

5)

가 : ____?

나 : ____.

7과 제 사전이 아니에요

어휘

1. 그림을 보고 단어를 완성하세요.

카		라

	경

휴	

2. 관계있는 것을 연결하세요.

볼펜	필통	지우개	수첩	연필
●	●	●	●	●

●	●	●	●	●

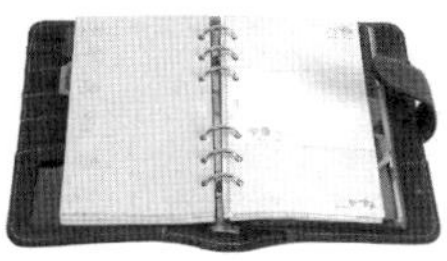

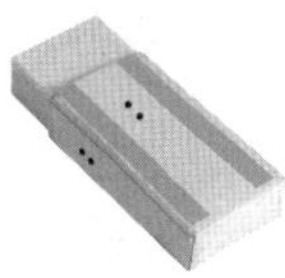

이에요/예요

1. 맞는 것을 고르세요.

1) 텔레비전(이에요, 예요).

2) 칠판(이에요, 예요).

3) 지도(이에요, 예요).

4) 컴퓨터(이에요, 예요).

5) 라디오(이에요, 예요).

6) 책상(이에요, 예요).

2. 그림을 보고 《보기》와 같이 대화를 완성하세요.

《보기》

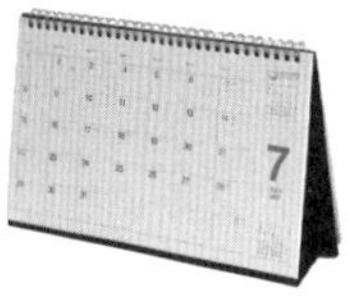

가 : 지도예요?

나 : 아니요, 달력이에요.

1)

가 : 지갑이에요?

나 : ______________________.

2)

가 : 카메라예요?

나 : ______________________.

3)

가 : 책이에요?

나 : ______________________.

4)

가 : 연필이에요?

나 : ______________________.

5)

가 : 전자사전이에요?

나 : ______________________.

이/가 아니에요

1. 그림을 보고 《보기》와 같이 대화를 완성하세요.

《보기》

가 : 필통이에요?

나 : 아니요, 필통이 아니에요. 지갑이에요.

1)

가 : 텔레비전이에요?

나 : 아니요, ______________. 컴퓨터예요.

2)

가 : 휴대 전화예요?

나 : 아니요, ________________. 카메라예요.

3)

가 : 수첩이에요?

나 : 아니요, ________________. 사전이에요.

4)

가 : 공책이에요?

나 : 아니요, ________________. 잡지예요.

5)

가 : 연필이에요?

나 : 아니요, ____________. ____________.

2. 그림을 보고 《보기》와 같이 대화를 완성하세요.

《보기》

왕쯔이

가 : 이 사람 이름이 뭐예요?

나 : <u>왕쯔이예요</u>.

가 : 일본 사람이에요?

나 : <u>일본 사람이 아니에요</u>. <u>중국 사람이에요</u>.

1)

폼펜

가 : 이 사람 이름이 뭐예요?

나 : ______________________ .

가 : 일본 사람이에요?

나 : ______________________ . ______________________ .

2)

톰

가 : 이 사람 이름이 뭐예요?

나 : ______________________ .

가 : 미국 사람이에요?

나 : ______________________ . ______________________ .

3)

제프리

가 : 이 사람 이름이 뭐예요?

나 : ______________________ .

가 : 경찰관이에요?

나 : ______________________ . ______________________ .

4)

압둘라

가 : 이 사람 이름이 뭐예요?

나 : ______________________ .

가 : 회사원이에요?

나 : ______________________ . ______________________ .

5)

제시카

가 : 이 사람 이름이 뭐예요?

나 : ______________________ .

가 : 남자예요?

나 : ______________________ . ______________________ .

8과 한국어교육센터 사무실이 몇 층에 있어요?

어휘

1. 그림을 보고 단어를 완성하세요.

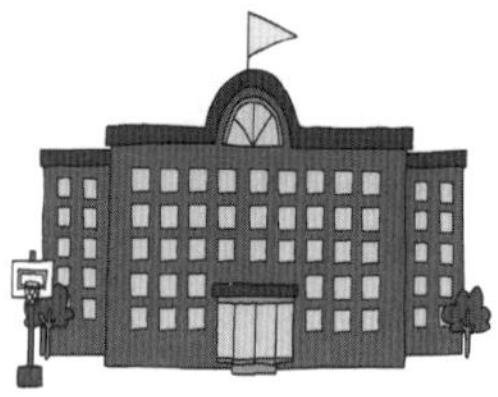

커		숍		점		교		실

2. 관계있는 것을 연결하세요.

휴게실	컴퓨터실	사무실
●	●	●
●	●	●

한자어 숫자, 단위 명사

1. 숫자를 읽고 쓰세요.

1	2	3	4	5	6	7	8	9	10
일					육				
11	12	13	14	15	16	17	18	19	20
		십삼							
30	40	50	60	70	80	90	100	1,000	10,000
		오십							

2. 《보기》와 같이 숫자를 읽고 쓰세요.

《보기》

1) 8 ________ 2) 9 ________ 3) 12 ________ 4) 13 ________

5) 26 ________ 6) 37 ________ 7) 41 ________

3. 《보기》에서 알맞은 말을 골라 쓰세요.

《보기》 번 호 층

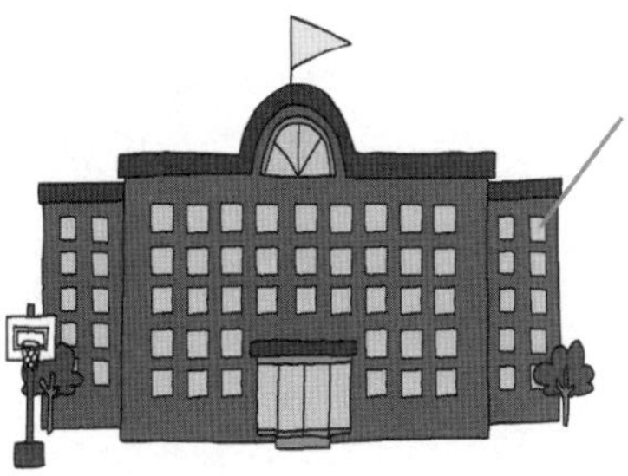
5 ☐

010-1234-5678 ☐

402 ☐
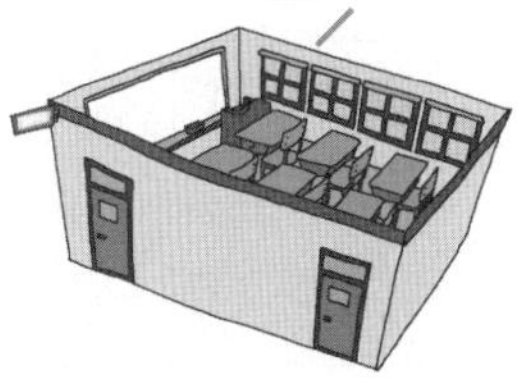

번호 읽기

1. 《보기》와 같이 쓰세요.

《보기》 카오루 / 010-233-5789

카오루 씨 전화번호는 공일공 이삼삼 오칠팔구 번이에요.

1) 알렉세이 / 010-4659-2372

알렉세이 씨 전화번호는 ______________________.

2) 사무실 / 02-902-0114

사무실 전화번호는 ______________________.

3) 학교 서점 / 02-985-4128

학교 서점 전화번호는 ______________________.

4) 마키 씨 / 910412-6902198

마키 씨 외국인 등록 번호는 ______________________.

5) 압둘라 씨 / 870118-5246845

압둘라 씨 외국인 등록 번호는 ______________________.

2. 《보기》와 같이 대화를 완성하세요.

《보기》

대기 번호
89
감사합니다.

가 : 번호가 몇 번이에요?
나 : 팔십구 번이에요.

1)

대기 번호
23
감사합니다.

가 : 번호가 몇 번이에요?
나 : ______________________.

2)

대기 번호
45
감사합니다.

가 : 번호가 몇 번이에요?
나 : ______________________.

3)

대기 번호
178
감사합니다.

가 : ______________________?
나 : ______________________.

4)

901
한국어 교실

가 : 교실이 몇 호예요?
나 : ______________________.

5)

416
한국어 교육센터

가 : 한국어교육센터 사무실이 몇 호예요?
나 : ______________________.

6)

723
컴퓨터실

가 : ______________________?
나 : ______________________.

에 있다/없다

1. 그림을 보고 《보기》와 같이 질문에 대답하세요.

1) 가방에 무엇이 있어요?

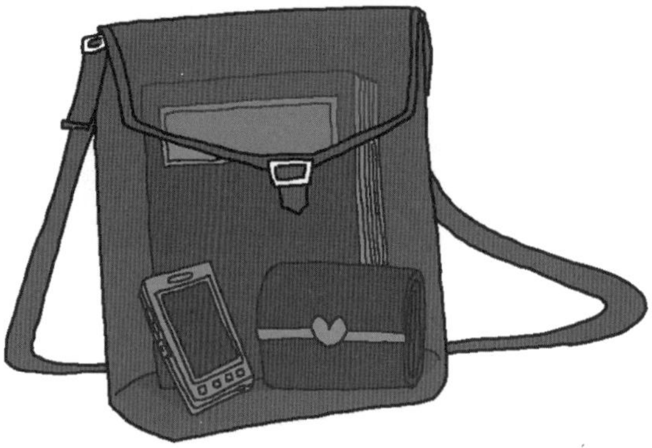

《보기》 가방에 책이 있어요.

(1) ______________________________.

(2) ______________________________.

2) 지갑에 무엇이 있어요?

(1) ______________________________.

(2) ______________________________.

(3) ______________________________.

2. 다음 안내판을 보고 《보기》와 같이 대화를 완성하세요.

안내(Information)	
5F	휴게실
4F	컴퓨터실
3F	교실
2F	사무실
1F	서점

《보기》 가 : 서점이 어디에 있어요?
나 : 일 층에 있어요 .

1) 가 : 교실이 어디에 있어요?

나 : ______________________ .

2) 가 : 사무실이 어디에 있어요?

나 : ______________________ .

3) 가 : 컴퓨터실이 몇 층에 있어요?

나 : ______________________ .

4) 가 : ______________________ ?

나 : ______________________ .

9과 도서관은 학생회관 옆에 있어요

어휘

1. 관계있는 것을 연결하세요.

병원　　우체국　　은행　　식당　　미용실　　PC방

2. 《보기》에서 알맞은 단어를 고르세요.

《보기》 위　아래　옆　뒤　안　밖　앞

1) (뒤)

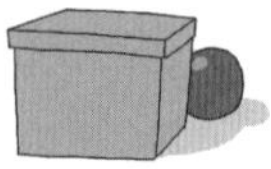

2) (　　)

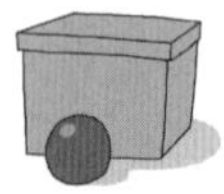

3) (　　)

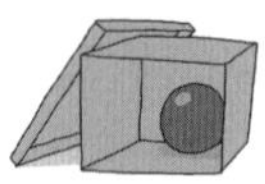

4) (　　)

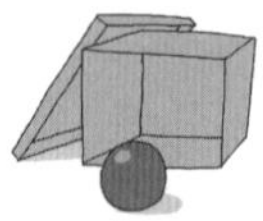

5) (　　)

6) (　　)

7) (　　)

위치

1. 그림을 보고 《보기》와 같이 문장을 완성하세요.

《보기》 책상 옆에 텔레비전이 있어요.

1) 책상 밑에 ____________ 있어요.
2) ______________ 컴퓨터가 있어요.
3) ______________ 우산이 있어요.
4) ______________ 창문이 있어요.
5) 창문 밖에 ______________ 있어요.

2. 그림을 보고 《보기》와 같이 대화를 완성하세요.

《보기》 1 가 : 책 옆에 무엇이 있어요?
나 : 연필이 있어요 .

《보기》 2 가 : 연필이 어디에 있어요?
나 : 책 옆에 있어요 .

1)

가 : 의자 아래에 무엇이 있어요?

나 : ______________________________ .

2)

가 : 창문 밖에 무엇이 있어요?

나 : ______________________________ .

3)

가 : 학생증이 어디에 있어요?

나 : ______________________________ .

4) **가 :** 라디오가 어디에 있어요?

나 : ________________________________.

5) **가 :** 휴지통이 어디에 있어요?

나 : ________________________________.

6) **가 :** 의자가 어디에 있어요?

나 : ________________________________.

에 가다

1. 그림을 보고 《보기》와 같이 대화를 완성하세요.

《보기》

가 : 어디에 가요?

나 : 시장에 가요.

1)

가 : 어디에 가요?

나 : ________________________________.

2)

가 : 어디에 가요?

나 : ________________________________.

3)

가 : 어디에 가요?

나 : ______________________________.

4)

가 : ______________________________?

나 : ______________________________.

5)

가 : ______________________________?

나 : ______________________________.

6)

가 : ______________________________?

나 : ______________________________.

10과 빵 한 개에 얼마예요?

어휘

1. 다음 숫자를 읽고 쓰세요.

1	2	3	4	5	6	7	8	9	10
하나									
한 개									

11	12	13	14	15	16	17	18	19	20
열하나									
열한 개									

30	40	50	60	70	80	90	100	1,000	10,000
서른									

2. (   ) 안에 알맞은 단어를 쓰세요.

"몇 살이에요?"

 마리아 22살	 토비 7살	 미카 18살	 할머니 66살
(스물두)살	1) ( )살	2) ( )살	3) ( )살

단위 명사

1. 《보기》에서 알맞은 단어를 골라 (   ) 안에 쓰세요.

《보기》 개 명 잔 병 장 권

1) 책 → (권)
2) 학생 → (   )
3) 빵 → (   )
4) 커피 → (   )
5) 주스 → (   )
6) 표 → (   )

2. 그림을 보고 대화를 완성하세요.

1) **가 :** 공원에 의자가 몇 개 있어요?

나 : 의자가 세 개 있어요.

2) **가 :** 공원에 사람이 몇 명 있어요?

나 : ________________________.

3) **가 :** 공원에 개가 몇 마리 있어요?

나 : ________________________.

4) **가 :** 공원에 휴지통이 ________________________?

나 : ________________________.

에

1. 다음 그림을 보고 《보기》와 같이 대화를 완성하세요.

《보기》

가 : 볼펜이 얼마예요?

나 : 한 개에 오백 원이에요.

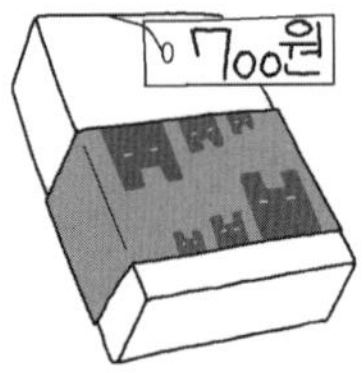

1) **가 :** 지우개가 얼마예요?

나 : ______________________________.

2) **가 :** 커피가 얼마예요?

나 : ______________________________.

3) **가 :** 잡지가 얼마예요?

나 : ______________________________.

4) **가 :** 우표가 ______________________________?

나 : ______________________________.

2. 다음 그림을 보고 대화를 완성하세요.

점원 : 어서 오세요.

손님 : 커피 한 잔에 얼마예요?

점원 : 한 잔에 3,000원이에요.

손님 : 주스는 얼마예요?

점원 : 1) ______________________________ .

손님 : 이 빵은 한 개에 얼마예요?

점원 : 2) ______________________________ .

손님 : 빵 두 개, 커피 한 잔, 주스 한 잔 주세요. 3) ______________ ?

점원 : 모두 4) ______________ 원이에요.

11과 저는 지금 숙제를 해요

어휘

1. 《보기》에서 알맞은 동사를 골라서 쓰세요.

《보기》
오다 만나다 공부하다 쉬다 마시다 씻다 샤워하다 먹다 ✓가다
기다리다 자다 운동하다 청소하다 요리하다 읽다 전화하다

1) 가다	2)	3)	4)

5)	6)	7)	8)

9)	10)	11)	12)

13)	14)	15)	16)

-아/어/여요

1. 다음 표를 완성하세요.

동사	-아/어/여요	동사	-아/어/여요
가다	가요	마시다	
오다		배우다	
보다		운동하다	
먹다	먹어요	있다	
읽다		없다	

2. 《보기》와 같이 쓰세요.

《보기》 집에 가다 → 집에 가요.

1) 아기가 자다 → ________________.

2) 의자에 앉다 → ________________.

3) 돈이 없다 → ________________.

4) 책상이 있다 → ________________.

5) 학생이 공부하다 → ________________.

6) 친구가 한국에 오다 → ________________.

을/를

1. 맞는 것을 고르세요.

1) 청소(을, 를) 해요.

2) 공부(을, 를) 해요.

3) 운동(을, 를) 해요.

4) 이야기(을, 를) 해요.

5) 운전(을, 를) 해요.

6) 숙제(을, 를) 해요.

2. 관계있는 것을 연결하고 문장을 완성하세요.

1) 텔레비전 ●	● 만나다
2) 춤 ●	● 보다
3) 커피 ●	● 마시다
4) 한국말 ●	● 추다
5) 친구 ●	● 배우다
6) 옷 ●	● 입다

1) 텔레비전을 봐요 .

2) ______________________________ .

3) ______________________________ .

4) ______________________________ .

5) ______________________________ .

6) ______________________________ .

3. 그림을 보고 《보기》와 같이 대화를 완성하세요.

《보기》

가 : 무엇을 읽어요?

나 : 신문을 읽어요.

1) 가 : 무엇을 가르쳐요?

나 : ______________________.

2) 가 : 무엇을 사요?

나 : ______________________.

3) 가 : 무엇을 타요?

나 : ______________________.

4) 가 : ______________________?

나 : 우유를 마셔요.

5) 가 : ______________________?

나 : 친구를 만나요.

12과 커피숍에서 아르바이트를 해요

어휘

1. 관계있는 것을 연결하세요.

운동장	공원	백화점

피우다	축구하다	쇼핑하다	산책하다	요리하다

돼지고기	담배

안

1. 《보기》와 같이 쓰세요.

> 《보기》 윤아 씨는 김치를 먹어요. → 제프리 씨는 김치를 안 먹어요.

1) 윤아 씨는 책을 읽어요. → 제프리 씨는 ______________________.

2) 윤아 씨는 편지를 써요. → 제프리 씨는 ______________________.

3) 윤아 씨는 치마를 입어요. → 제프리 씨는 ______________________.

4) 윤아 씨는 영어를 배워요. → 제프리 씨는 ______________________.

5) 윤아 씨는 전화를 해요. → 제프리 씨는 ______________________.

2. 《보기》와 같이 대화를 완성하세요.

《보기》 **가** : 시장에 가요?
나 : 아니요, 시장에 안 가요.

1) **가** : 남자 친구를 만나요?

나 : 아니요, ______________________________.

2) **가** : 한국 영화를 봐요?

나 : 아니요, ______________________________.

3) **가** : 아기가 자요?

나 : 아니요, ______________________________.

4) **가** : 담배를 피워요?

나 : 아니요, ______________________________.

5) **가** : 김치를 먹어요?

나 : 아니요, ______________________________.

3. 그림을 보고 《보기》와 같이 대화를 완성하세요.

《보기》

가 : 바트 씨가 자요?

나 : 아니요, 안 자요.

신문을 읽어요.

1) **가** : 윤아 씨가 컴퓨터를 해요?

나 : 아니요, ______________________.

______________________.

2) **가** : 알렉세이 씨가 쉬어요?

나 : 아니요, ______________________.

______________________.

3) **가** : 바트 씨가 은행에 가요?

나 : 아니요, ______________________.

______________________.

4) **가** : 압둘라 씨가 손을 씻어요?

나 : 아니요, ______________________.

______________________.

5) **가** : 지훈 씨가 숙제를 해요?

나 : 아니요, ______________________.

______________________.

에서

1. 관계있는 것을 연결하고 문장을 완성하세요.

1) 도서관 ●	● 책을 읽다
2) 약국 ●	● 가방을 사다
3) 커피숍 ●	● 영화를 보다
4) 영화관 ●	● 약을 사다
5) 백화점 ●	● 커피를 마시다
6) 공원 ●	● 자전거를 타다

1) 도서관에서 책을 읽어요 .

2) ____________________ .

3) ____________________ .

4) ____________________ .

5) ____________________ .

6) ____________________ .

2. 맞는 것을 고르세요.

1) 학교(에, 에서) 가요.

2) 집(에, 에서) 텔레비전을 봐요.

3) 친구가 우리 집(에, 에서) 와요.

4) 공원(에, 에서) 운동해요.

5) 책상 위(에, 에서) 책이 있어요.

6) 커피숍(에, 에서) 친구를 만나요.

7) 공항(에, 에서) 비행기를 타요.

3. 그림을 보고 《보기》와 같이 대화를 완성하세요.

《보기》

가 : 간토야 씨가 어디에서 무엇을 해요?

나 : 집에서 텔레비전을 봐요.

1) 가 : 윤아 씨가 어디에서 무엇을 해요?

나 : ______________________________.

2) 가 : 소영 씨가 어디에서 무엇을 해요?

나 : ______________________________.

3) 가 : 마키 씨가 어디에서 무엇을 해요?

나 : ______________________________.

4) 가 : 이리나 씨가 어디에서 무엇을 해요?

나 : ______________________________.

5) 가 : 카오루 씨가 어디에서 무엇을 해요?

나 : ______________________________.

13과 시장에서 과일하고 고기를 사요

어휘

1. (   ) 안에 알맞은 단어를 쓰세요.

1월(일월)	2월( )	3월( )	4월( )	5월( )	6월( )
7월( )	8월( )	9월( )	10월( )	11월( )	12월( )

2. 다음 날짜를 읽고 쓰세요.

(삼 월 십칠 일)

1) (월   일)

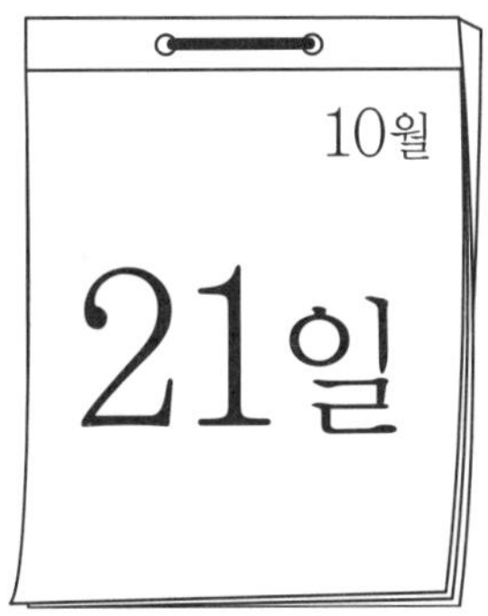

2) (월   일)

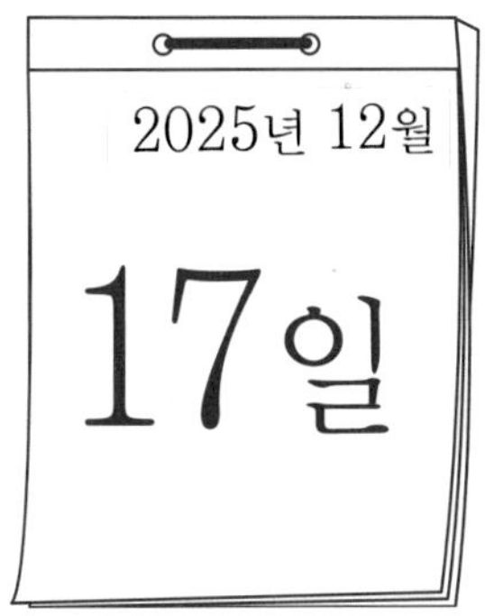

3) (년   월   일)

에

1. (　　) 안에 맞는 요일을 쓰고, 《보기》와 같이 대화를 완성하세요.

5월						
MON 월요일	TUE (　　)	WED (　　)	THU (　　)	FRI (　　)	SAT (　　)	SUN (　　)
5 어린이날	⑥ 오늘 친구	7	8 생일♥	9 제주도 여행	10 운동	11 운동

《보기》 **가 :** 오늘이 며칠이에요?
나 : 오월 육 일이에요.

1) **가 :** 생일이 며칠이에요?
나 : ______________________.

2) **가 :** 언제 친구를 만나요?
나 : ______________________.

3) **가 :** 언제 제주도에 가요?
나 : ______________________.

4) **가 :** 어린이날이 무슨 요일이에요?
나 : ______________________.

5) **가 :** 언제 운동을 해요?
나 : ______________________.

2. 《보기》에서 알맞은 단어를 골라 대화를 완성하세요.

《보기》 방학　✓오전　주말　오후　생일

1) **가 :** 언제 학교에서 공부해요?
나 : 오전에 학교에서 공부해요.

2) **가 :** 언제 고향에 가요?

나 : ______________________________.

3) **가 :** 언제 숙제를 해요?

나 : ______________________________.

4) **가 :** 언제 청소를 해요?

나 : ______________________________.

5) **가 :** 언제 파티를 해요?

나 : ______________________________.

하고

1. 《보기》와 같이 쓰세요.

《보기》 방에 책상이 있어요. 방에 텔레비전이 있어요. → 방에 책상하고 텔레비전이 있어요.

1) 우리 반에 프랑스 학생이 없어요. 우리 반에 미국 학생이 없어요.

→ ______________________________.

2) 장핑 씨가 라면을 먹어요. 장핑 씨가 김밥을 먹어요.

→ ______________________________.

3) 마키 씨가 도서관에 가요. 윤아 씨가 도서관에 가요.

→ ______________________________.

4) 수요일에 수영을 해요. 금요일에 수영을 해요.

→ ______________________________.

5) 서점에서 교과서를 사요. 서점에서 사전을 사요.

→ ______________________________.

2. 그림을 보고 《보기》와 같이 대화를 완성하세요.

《보기》

가 : 무엇을 먹어요?

나 : 우유하고 빵을 먹어요.

1) 가 : 무엇을 안 마셔요?

나 : ______________________.

월	화	수	목	금	토	일
운동				운동		

2) 가 : 언제 운동을 해요?

나 : ______________________.

3) 가 : 무엇을 배워요?

나 : ______________________.

3월 7일 오늘

✓병원

✓도서관

4) 가 : 오늘 어디에 가요?

나 : ______________________.

5) 가 : 누가 영화를 봐요?

나 : ______________________.

14과 친구가 친절해요

어휘

1. 《보기》에서 알맞은 형용사를 골라서 쓰세요.

《보기》 길다 크다 친절하다 아프다 작다 나쁘다 적다 좋다 많다 재미있다 비싸다 예쁘다 멋있다 짧다 재미없다 싸다

1) (크다)	2) ( )	3) ( )	4) ( )

5) ( )	6) ( )	7) ( )	8) ( )

9) ( )	10) ( )	11) ( )	12) ( )
			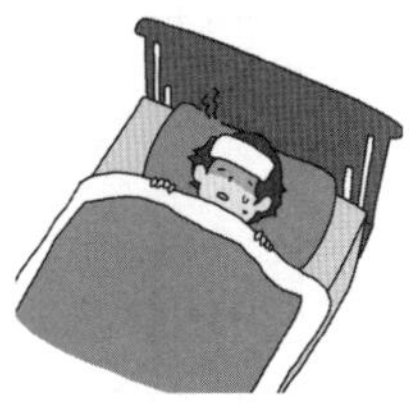
13) ( )	14) ( )	15) ( )	16) ( )

2. 질문에 알맞은 단어를 《보기》에서 모두 골라 쓰세요.

《보기》	맛있다	예쁘다	깨끗하다	멋있다
	친절하다	재미있다	비싸다	크다

1) 꽃이 어때요?

→ 예뻐요, 비싸요, 커요

2) 남자 친구가 어때요?

→ ______________________

3) 비빔밥이 어때요?

→ ______________________

4) 방이 어때요?

→ ______________________

-지 않다

1. 다음 표를 완성하세요.

동사	-지 않아요	형용사	-지 않아요
가다	가지 않아요	많다	많지 않아요
오다		좋다	
보다		적다	
먹다		길다	
읽다		친절하다	
마시다		조용하다	
기다리다		크다	
운동하다		나쁘다	
청소하다		예쁘다	

2. 《보기》와 같이 대화를 완성하세요.

《보기》 **가 :** 지금 비가 와요?
나 : 아니요, 비가 오지 않아요.

1) **가 :** 돼지고기를 먹어요?

나 : 아니요, ____________________.

2) **가 :** 커피를 마셔요?

나 : 아니요, ____________________.

3) **가 :** 한국 신문을 읽어요?

나 : 아니요, ____________________.

4) **가 :** 아침에 청소를 해요?

나 : 아니요, ____________________.

5) **가 :** 일요일에 친구를 만나요?

나 : 아니요, ____________________.

3. 그림을 보고 《보기》와 같이 대화를 완성하세요.

《보기》

가 : 날씨가 좋아요?

나 : 아니요, 날씨가 좋지 않아요.

	1) 가 : 투이 씨는 머리가 짧아요? 나 : 아니요, ______________________.
	2) 가 : 운동화가 깨끗해요? 나 : 아니요, ______________________.
	3) 가 : 교실에 학생이 많아요? 나 : 아니요, ______________________.
	4) 가 : ______________________? 나 : 아니요, 키가 작지 않아요.
	5) 가 : ______________________? 나 : 아니요, 옆방이 조용하지 않아요.
	6) 가 : 책이 재미있어요? 나 : 아니요, ______________________.

도

1. 그림을 보고 《보기》와 같이 문장을 완성하세요.

《보기》

저는 한국어를 배워요.

영어도 배워요 .

1) 점심에 라면을 먹어요.

______________________ .

2) 주말에 청소를 해요.

______________________ .

3) 동생은 개를 좋아해요.

______________________ .

4) 도서관에서 공부를 해요.

______________________ .

5) 명동에서 친구를 만나요.

______________________ .

2. 그림을 보고 《보기》와 같이 대화를 완성하세요.

《보기》 **가 :** 간토야 씨가 책을 읽어요?
나 : 네, 책을 읽어요.
가 : 마키 씨도 책을 읽어요 ?
나 : 네, 마키 씨도 책을 읽어요.

1) **가 :** 알렉세이 씨가 청소해요?
나 : 네, 청소해요.
가 : ____________________________ ?
나 : 네, 지훈 씨도 청소해요.

2) **가 :** 윤아 씨가 모자를 사요?
나 : 네, 모자를 사요.
가 : ____________________________ ?
나 : 아니요, 소라 씨는 옷을 사요.

3) **가 :** 이 가방이 비싸요?
나 : 네, 비싸요.
가 : ____________________________ ?
나 : 아니요, 저 가방은 싸요.

4) **가 :** 커피가 많아요?
나 : 네, 많아요.
가 : 주스도 많아요?
나 : 아니요, ____________________________ .

지영 씨 집 줄리 씨 집

5) **가 :** 지영 씨 집이 커요?
나 : 네, 커요.
가 : ____________________________ ?
나 : 아니요, ____________________________ .

15과 이분이 아버지세요

어휘

1. 표를 완성하세요.

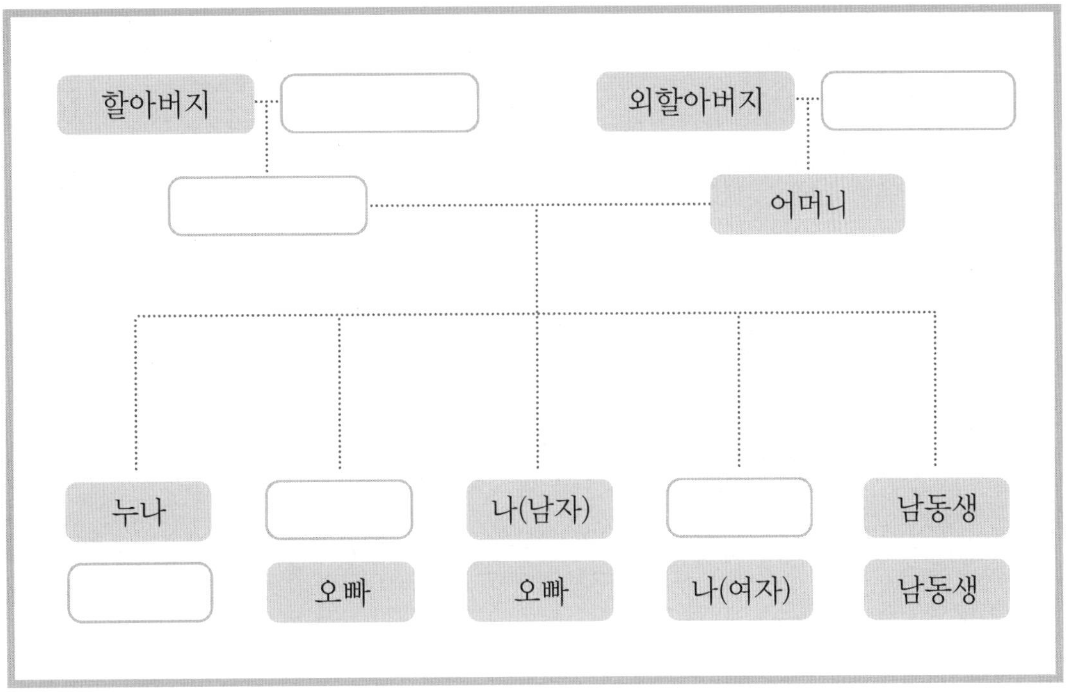

와/과

1. 맞는 것을 고르세요.

제 방이에요. 제 방에 책상(와, 과) 의자가 있어요. 책상 위에 컴퓨터(와, 과) 시계(와, 과) 책이 있어요. 의자 옆에는 가방이 있어요. 가방 안에 지갑(와, 과) 공책(와, 과) 휴대 전화가 있어요.

2. 다음을 보고 문장을 완성하세요.

1) 

① 공부 : 영어, 러시아어
② 아르바이트 : 수요일, 금요일
③ 방 친구 : 인성, 수현
④ 취미 : 요리, 축구

① 지훈 씨는 영어와 러시아어를 공부해요.

② 지훈 씨는 ______________________에 아르바이트를 해요.

③ 지훈 씨 방 친구는 ______________________이에요/예요.

④ 지훈 씨 취미는 ______________________이에요/예요.

2) 

① 가족 : 아버지, 어머니, 남동생, 왕쯔이
② 운동 : 화요일, 목요일
③ 외국 친구 : 미국 친구, 일본 친구, 베트남 친구
④ 음식 : 비빔밥, 냉면

① 왕쯔이 씨 가족은 ______________________ 모두 네 명이에요.

② 왕쯔이 씨는 ______________________에 운동을 해요.

③ 왕쯔이 씨는 ______________________이/가 있어요.

④ 왕쯔이 씨는 ______________________을/를 자주 먹어요.

3) ____________
〈나〉

① 가족 : ______________________

② 외국 친구 : ______________________

③ 음식 : ______________________

① 제 가족은 ______________________ 모두 __________ 명이에요.

② 저는 ______________________이/가 있어요.

③ 저는 ______________________을/를 자주 먹어요.

-(으)시-

1. 다음 표를 완성하세요.

동사	-(으)세요	형용사/명사	-(으)세요/(이)세요
가다	가세요	많다	많으세요
오다		좋다	
보다		작다	
읽다		재미있다	
기다리다		친절하다	
운동하다		크다	
청소하다		바쁘다	
※먹다		예쁘다	
※마시다		선생님	
※자다		아버지	
※있다		의사	

2. 다음 문장을 《보기》와 같이 바꿔 쓰세요.

《보기》 친구가 어디에 가요? ⇨ 어머니가 어디에 가세요?

누나가 예뻐요.	1) 어머니가
동생이 산책을 해요.	2) 어머니가
동생이 재미있어요.	3)
저는 회사원이에요.	4)
친구가 빵을 먹어요.	5)

《보기》 아버지가 멋있으세요. ⇨ 친구가 멋있어요.

할머니가 친절하세요.	6) 친구가
어머니가 날마다 무엇을 하세요?	7) 친구가
아버지가 바쁘세요.	8)
할아버지가 책을 읽으세요.	9)
선생님이 교실에 안 계세요.	10)

3. 《보기》와 같이 대화를 완성하세요.

《보기》 **가 :** 브라운 선생님, 한국 노래를 좋아하세요 ?
나 : 네, 좋아해요.

1) **가 :** 김수현 선생님, 주말에 영화를 ______________________ ?
나 : 네, 봐요.

2) **가 :** 제프리 씨, 일요일에 시장에 ______________________ ?
나 : 네, 가요.

3) **가 :** 투이 씨, 월요일에 학교에서 공부하세요?
나 : 네, ______________________ .

4) **가 :** 압둘라 씨, 요즘 뭘 ______________________ ?
나 : 한국어를 배워요.

5) **가 :** 제프리 씨, 요즘 뭘 하세요?
나 : ______________________ .

16과 저는 커피를 마시겠습니다

-(스)ㅂ니다/-(스)ㅂ니까?

1. 표를 완성하세요.

동사	-(스)ㅂ니다	-(스)ㅂ니까?	형용사	-(스)ㅂ니다	-(스)ㅂ니까?
가다	갑니다	갑니까?	크다		
오다			예쁘다		
보다			나쁘다		
마시다			싸다		
만나다	만납니다	만납니까?	친절하다		
먹다			좋다		
읽다			많다		
하다			작다		
공부하다			있다		
운동하다			재미있다		

2. 다음 글을 '-(스)ㅂ니다'를 사용하여 바꾸세요.

1) 저는 나타샤예요. 러시아 사람이에요. 대학생이에요. 국민대학교에서 한국어를 공부해요. 한국어가 재미있어요. 한국 음식도 맛있어요. 불고기하고 김치를 좋아해요. 제 동생이 다음 달에 한국에 와요. 인천 공항에서 동생을 만나요.

⬇

저는 나타샤<u>입니다</u>. 러시아 사람<u>입니다</u>. 대학생①________. 국민대학교에서 한국어를 ②________________. 한국어가 ③________________. 한국 음식도 ④____________. 불고기하고 김치를 ⑤____________. 제 동생이 다음 달에 한국에 ⑥________. 인천 공항에서 동생을 ⑦________.

2) **가 :** 안녕하세요? 왕서 씨, 한국에서 뭘 하세요?
나 : 회사에서 일해요.
가 : 일이 어때요?
나 : 재미있어요.
가 : 한국 친구가 많아요?
나 : 네, 회사에 한국 친구가 두 명 있어요.
가 : 외국 친구도 있어요?
나 : 아니요, 외국 친구는 없어요.

⬇

가 : ①______________________ ? 왕서 씨, 한국에서 뭘 하십니까 ?
나 : 회사에서 일합니다 .
가 : 일이 ②______________________ ?
나 : ③______________________ .
가 : 한국 친구가 ④______________________ ?
나 : 네, 회사에 한국 친구가 두 명 ⑤______________________ .
가 : 외국 친구도 ⑥______________________ ?
나 : 아니요, 외국 친구는 ⑦______________________ .

–겠–[1]

1. 표를 완성하세요.

동사	–겠습니다	동사	–겠습니다
가다	가겠습니다	먹다	
오다		읽다	
보다		하다	
사다		공부하다	
마시다		운동하다	
만나다		청소하다	

2. 다음 문장을 《보기》와 같이 바꾸세요.

《보기》 내일 오다 → 내일 오겠습니다.
내일 오지 않겠습니다.

1) 병원에 가다 → ______________________.

______________________.

2) 사전을 보다 → ______________________.

______________________.

3) 창문을 열다 → ______________________.

______________________.

3. 그림을 보고 《보기》에서 알맞은 것을 골라 쓰세요.

《보기》			
	다녀오겠습니다	잘 먹겠습니다	내일 전화하겠습니다
	늦게 오지 않겠습니다	커피를 마시겠습니다	제가 사겠습니다

1) 다녀오겠습니다.

2)

3)

4)

5)

6)

17과 제 친구는 몽골에서 왔어요

어휘

1. 《보기》에서 알맞은 단어를 골라 (　　) 안에 쓰세요.

《보기》 일찍　　어제　　작년　　늦게　　지난주

1)

2011년	2012년	2013년
(　　　　)	올해	내년

2)

월	화	수	목	금	토	일	
	1	2	3	4	5	6	(　　　　)
7	8	9	10	11 오늘	12	13	이번 주
14	15	16	17	18	19	20	다음 주

3)

9월 1일	9월 2일	9월 3일
(　　　　)	오늘	내일

8:00 (압둘라)　　9:00　　10:00 (마키)

4) 압둘라 씨는 학교에 (　　　　　　　　) 왔어요.

5) 마키 씨는 학교에 (　　　　　　　　) 왔어요.

-았/었/였-

1. 표를 완성하세요.

동사	-았/었/였어요	형용사/명사+이다	-았/었/였어요
가다	갔어요	많다	
오다		싸다	
보다		재미있다	
먹다		길다	길었어요
읽다		복잡하다	
기다리다		친절하다	
마시다		크다	
공부하다	공부했어요	아프다	
운동하다		예쁘다	
있다		공원이다	
없다		의사이다	

2. 《보기》와 같이 문장을 완성하세요.

《보기》 학교에 가다 → 어제 학교에 갔어요 .

1) 영화를 봐요. → 지난주에 ______________________________.
2) 편지를 써요. → 지난 주말에 ______________________________.
3) 신문을 읽어요. → 어제 ______________________________.
4) 배가 아파요. → 어제 ______________________________.
5) 백화점이 복잡해요. → 지난 일요일에 ______________________________.
6) 학생이에요. → 작년에 ______________________________.

3. 그림을 보고 《보기》와 같이 대화를 완성하세요.

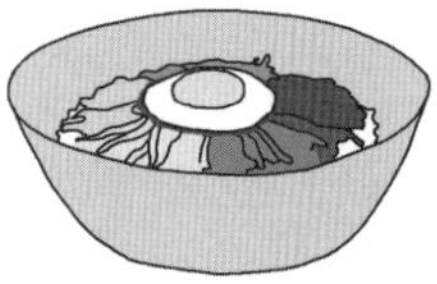

《보기》

가 : 아침에 무엇을 먹었어요?

나 : 비빔밥을 먹었어요.

1) 가 : 오전에 누구를 만났어요?

나 : ________________________.

2) 가 : 방학에 어디에 갔어요?

나 : ________________________.

3) 가 : 시장에서 무엇을 샀어요?

나 : ________________________.

4) 가 : 대학교에서 무엇을 배웠어요?

나 : ________________________.

5) 가 : 어제 무엇을 했어요?

나 : ________________________.

6) 가 : 지난 주말에 무엇을 했어요?

나 : ________________________.

4. 대화를 완성하세요.

가 : 이리나 씨, 일요일에 무엇을 했어요?
나 : 명동에서 친구를 1)______________________.
그리고 친구하고 영화를 봤어요.
가 : 무슨 영화를 2)______________________?
나 : 한국 영화를 봤어요.
가 : 영화가 3)______________________?
나 : 재미있었어요.
가 : 영화관에 사람이 많았어요?
나 : 아니요, 사람이 4)______________________.
가 : 그리고 뭘 했어요?
나 : 백화점에 5)______________________.
가 : 백화점에서 뭘 6)______________________?
나 : 모자를 7)______________________.
가 : 모자가 어땠어요?
나 : 아주 8)______________________.

5. 여러분은 지난 주말에 무엇을 했습니까? 일기를 쓰세요.

(　　)월 (　　)일 (　　)요일

18과 서점에 책을 사러 가요

어휘

1. 《보기》와 같이 시간을 읽고 쓰세요.

《보기》 

여덟 시 십오 분

1) 

____

2) 

____

3) 

____

4) 

____

5) 

____

2. 《보기》에서 알맞은 단어를 골라 쓰세요.

《보기》 학원　　일어나다　　체육관　　헤어지다　　빌리다

1) 저는 어젯밤에 늦게 잤어요. 그래서 오늘 아침 10시에 __________았/었/였어요. 학교에 늦었어요.

2) 저는 노래를 좋아해요. 그래서 __________에서 노래를 배워요.

3) 친구와 명동에서 저녁을 먹었어요.

9시에 __________았/었/였어요. 집에 왔어요.

4) 오전에 운동을 하러 __________에 가겠어요. 그리고 책을 __________(으)러 도서관에 가겠어요.

시간

1. 시계를 보고 《보기》와 같이 대화를 완성하세요.

《보기》

가 : 지금 몇 시예요?

나 : 일곱 시 반이에요.

1)

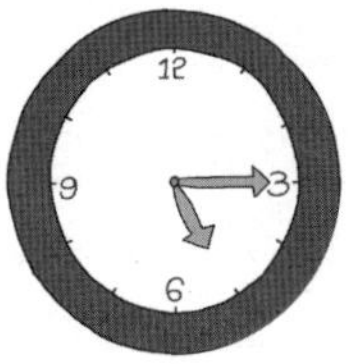

가 : 지금 몇 시예요?

나 : ________________________.

2)

가 : 지금 몇 시예요?

나 : ________________________.

3)

가 : ________________________?

나 : ________________________.

4)

가 : 몇 시에 저녁을 먹어요?

나 : ________________________.

5)

가 : 몇 시에 운동을 해요?

나 : ________________________.

-(으)러

1. 다음 표를 완성하세요.

동사	-(으)러	동사	-(으)러
보다	보러	먹다	
사다		찾다	
마시다		운동하다	
배우다		청소하다	
읽다		만들다	

2. 그림을 보고 《보기》와 같이 문장을 완성하세요.

《보기》

영화를 보러 영화관에 가요.

1)

________________ 커피숍에 가요.

2)

________________ 체육관에 가요.

3)

________________ 화장실에 가요.

4) 

__________ 시장에 가요.

5) 

__________ 사진관에 가요.

3. 《보기》에서 알맞은 것을 골라 대화를 완성하세요.

《보기》	게임을 하다	책을 빌리다	여권을 만들다
	선물을 사다	사진을 찍다	

1) **가 :** 도서관에 뭘 하러 가요?
   나 : 책을 빌리러 가요.

2) **가 :** 왜 PC방에 가요?
   나 : 친구들하고 __________.

3) **가 :** __________ 어디에 갔어요?
   나 : 집 근처 사진관에 갔어요.

4) **가 :** 오후에 선물을 사러 가요?
   나 : 네, __________ 백화점에 가요.

5) **가 :** 대사관에 비자를 받으러 가요?
   나 : 아니요, __________.

19과 이번 주말에 뭐 할 거예요?

어휘

1. 알맞은 단어를 쓰세요.

6월 18일	6월 19일	6월 20일
오늘		

AM 8:00	PM 1:00	PM 7:00
	점심	

2. 보기에서 알맞은 것을 골라 쓰세요.

보기 경치 한식집 슈퍼마켓 미술관 콘서트

1) 지난주에 전시회를 보러 ________에 갔어요. 그림이 아주 좋았어요.

2) 어제 남산 N서울타워를 구경하러 남산에 갔어요. N서울타워는 아주 높았어요. ________이/가 참 좋았어요.

3) **가** : 불고기를 먹으러 어디에 갈 거예요?
나 : 학교 근처 ________에 갈 거예요. 거기 음식이 맛있어요.

4) **가** : ________에서 뭘 샀어요?
나 : 라면하고 휴지를 샀어요.

5) **가** : 금요일에 가수 민아 씨가 국민극장에서 ________을/를 해요.
나 : 그래요? 같이 가요. 저도 그 가수를 좋아해요.

부터 ~까지

1. 그림을 보고 《보기》와 같이 대화를 완성하세요.

《보기》

가 : 몇 시부터 몇 시까지 청소해요?

나 : 세 시부터 네 시까지 청소해요.

1)

월	화	수	목	금	토	일
←		학교		→		

가 : 언제 학교에 가요?

나 : ______________________.

2)

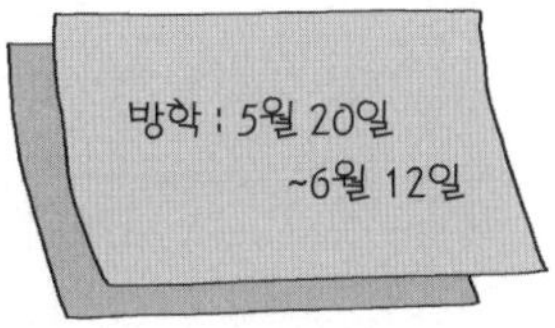

가 : 방학이 언제예요?

나 : ______________________.

3)

8월

일	월	화	수	목	금	토
				1→	인도	3
4 여행		6	7	8	9	10
11	12 인	도 여	행	←15	16	17
18	19	20	21	22	23	24
25	26	27	28	29	30	31

가 : 언제부터 언제까지 인도 여행을 할 거예요?

나 : ______________________.

4)

봄	3월 ~ 5월
여름	6월 ~ 8월
가을	9월 ~ 11월
겨울	12월 ~ 2월

가 : 몇 월부터 몇 월까지가 여름이에요?

나 : ______________________.

5)

가 : ______________________?

나 : 오늘부터 모레까지 시험을 봐요.

2. 다음 표를 보고 대화를 완성하세요.

8:10	아침 식사
9:00~12:50	한국어 수업
1:20	점심 식사
2:00~3:30	운동
4:00~6:00	숙제
7:00	저녁 식사
8:00~9:40	텔레비전 보기

1) **가 :** 몇 시에 아침 식사를 해요?

나 : ______________________________.

2) **가 :** 몇 시부터 몇 시까지 한국어 수업을 들어요?

나 : ______________________________.

3) **가 :** 몇 시부터 몇 시까지 운동을 해요?

나 : ______________________________.

4) **가 :** 몇 시부터 몇 시까지 숙제를 해요?

나 : ______________________________.

5) **가 :** 몇 시부터 몇 시까지 텔레비전을 봐요?

나 : ______________________________.

-(으)ㄹ 거예요

1. 다음 표를 완성하세요.

동사	-(으)ㄹ 거예요
가다	갈 거예요
보다	
만나다	
쉬다	
쓰다	
먹다	
읽다	
입다	
청소하다	
공부하다	
만들다	
살다	

2. 다음은 여러분의 수첩입니다. 수첩을 보고 《보기》와 같이 대화를 완성하세요.

6월						
MON 월요일	TUE 화요일	WED 수요일	THU 목요일	FRI 금요일	SAT 토요일	SUN 일요일
18 오늘 장핑 씨하고 점심 *^^*	19 책 읽기	20 쇼핑	21 불고기 요리	22 노래방	23 영화	24 청소

〈보기〉 가 : 오늘 뭘 할 거예요?
나 : 장핑 씨하고 점심을 먹을 거예요.

1) 가 : 모레 뭘 할 거예요?
나 : ______________________.

2) 가 : 언제 영화를 볼 거예요?
나 : ______________________.

3) 가 : 내일 뭘 할 거예요?
나 : ______________________.

4) 가 : 목요일에 한국 음식을 만들 거예요?
나 : 네, ______________________.

5) 가 : 금요일에 친구하고 같이 어디에 갈 거예요?
나 : ______________________.

3. 여러분은 한국에서 뭘 할 거예요? 〈보기〉와 같이 쓰세요.

계획 1	〈보기〉 태권도를 배울 거예요.
계획 2	
계획 3	
계획 4	
계획 5	

20과 여자 친구한테 선물을 줬어요?

어휘

1. 《보기》에서 알맞은 단어를 골라 쓰세요.

《보기》 향수 강아지 선글라스 장갑

1)  ________________

2)  ________________

3)  ________________

4)  ________________

2. 반대말을 연결하세요.

1) 좋아하다 •	————	• 싫어하다
2) 주다 •		• 대답하다
3) 질문하다 •		• 가르치다
4) 배우다 •		• 팔다
5) 사다 •		• 받다
6) 만나다 •		• 헤어지다

에게/한테

1. 《보기》와 같이 문장을 완성하세요.

《보기》 마키 씨 → 장핑 씨 : 전화하다
마키 씨가 장핑 씨에게 전화합니다.

1) 남자 친구 → 여자 친구 : 꽃을 선물하다

____.

2) 윤아 → 어머니 : 화장품을 선물하다

____.

3) 아버지 → 저 : 전화를 하다

____.

4) 어머니 → 강아지 : 밥을 주다

____.

5) 동생 → 꽃 : 물을 주다

____.

2. 《보기》와 같이 대화를 완성하세요.

《보기》 가 : 선생님께서 누구에게 한국어를 가르치십니까?
나 : 우리 반 학생들에게 한국어를 가르치십니다.

1) 가 : 누구에게 전화를 자주 해요?

나 : ____________ 전화를 자주 해요.

2) 가 : 친구 생일에 친구에게 무엇을 선물할 거예요?

나 : ________에게 ________을/를 선물할 거예요.

3) 가 : 작년 어머니 생신에 어머니께 무엇을 드렸어요?

나 : ____________________.

4) 가 : 2월 14일 밸런타인데이에 남자(여자) 친구에게 무엇을 선물할 거예요?

나 : ____________________.

5) 가 : 사무실에 이메일을 보냈어요?

나 : 아니요, ____________________.

에게서/한테서

1. 《보기》와 같이 문장을 완성하세요.

《보기》 친구 / 이야기를 듣다
→ 친구한테서 이야기를 들었어요.
→ 친구에게서 이야기를 들었습니다.

1) 남자 친구 / 꽃을 받다

→ ______.

→ ______.

2) 김지영 선생님 / 한국말을 배우다

→ ______.

→ ______.

3) 언니 / 옷을 빌리다

→ ______.

→ ______.

4) 아버지 / 전화가 오다

→ ______.

→ ______.

5) 할머니 / 시계를 받다

→ ______.

→ ______.

2. 그림을 보고 《보기》와 같이 대화를 완성하세요.

《보기》

윤아

가 : 그 이야기를 미선 씨한테서 들었어요?
나 : 아니요, 윤아 씨한테서 들었어요.

1)

어머니

가 : 아버지한테서 수영을 배웠어요?
나 : 아니요, ________________ 수영을 배웠어요.

2)

이리나

가 : 누구한테서 사전을 빌렸어요?
나 : ________________________ 사전을 빌렸어요.

3)

선생님

가 : 한국말을 누구한테서 배워요?
나 : ____________________ 배워요.

4)

라디오

가 : 가수 장미 씨가 결혼했어요.
나 : 어디에서 들었어요?
가 : ____________________ 들었어요.

5)

사무실

가 : 어디에서 전화가 왔어요?
나 : ____________________ 전화가 왔어요.

3. (   ) 안에 알맞은 단어를 쓰세요.

어제는 제 생일이었어요.
저는 남자 친구(   ) 꽃하고 향수를 받았어요.
기분이 아주 좋았어요.
저녁에는 부모님께서 저(   ) 전화를 하셨어요.
저는 부모님(   ) 한국 이야기를 했어요.
이번 주말에는 고향 친구들(   ) 이메일을 쓸 거예요.

21과 뭐 하고 있어요?

어휘

1. 《보기》에서 알맞은 단어를 골라 문장을 완성하세요.

《보기》 여러 가지 그리다 열다 계속 넣다

1) 편의점에 ________________ 물건이 많아요.

2) 저는 보통 주말에 그림을 ________________아/어/여요.

3) 밖에 친구가 왔어요. 그래서 문을 __________았/었/였어요.

4) 오늘부터 방학이에요. 저는 내일 고향에 가요.
8월까지 고향에 ____________ 있을 거예요.

5) 지갑을 가방에 ____________았/었/였어요.

만

1. 《보기》와 같이 문장을 완성하세요.

> 《보기》 저는 고기를 안 먹어요. 야채만 먹어요. (야채)

1) 제니 씨는 치마를 입지 않아요. ____________ 입어요. (바지)

2) 저는 아침에 밥을 먹지 않아요. ____________ 마셔요. (커피)

3) 교실에 학생들이 없어요. ____________ 계세요. (선생님)

4) 주말에는 학교에 가지 않아요. ________________________ 학교에 가요.
(월요일부터 금요일까지)

5) 제 동생은 집에서는 공부를 하지 않아요. ____________ 공부해요. (학교에서)

2. 그림을 보고 《보기》와 같이 대화를 완성하세요.

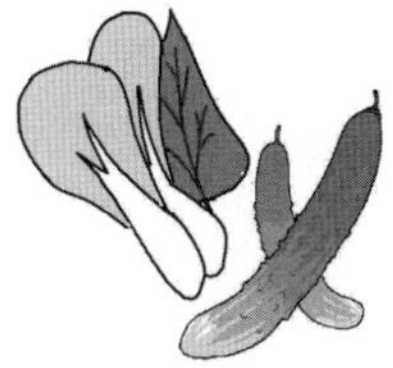

> 《보기》 **가** : 고기를 좋아하세요? (야채)
> **나** : 아니요, 야채만 좋아해요 .

1)

가 : 아침에 밥을 먹어요? (우유)

나 : 아니요, ________________________ .

2) 

하루에 1번

가 : 이 약은 하루에 세 번 먹어요? (하루에 한 번)

나 : 아니요, ______________________________ .

3) 

가 : 부모님께 자주 편지를 쓰세요? (전화)

나 : 아니요, ______________________________ .

4) 

가 : 가족이 모두 한국에 있어요? (저)

나 : 아니요, ______________________________ .

5) 

가 : 수업 시간에 영어를 배워요? (한국어)

나 : 아니요, ______________________________ .

-고 있다

1. 《보기》와 같이 대화를 완성하세요.

> 《보기》 **가 :** 지금 뭐 해요? (숙제를 하다)
>
> **나 :** 숙제를 하고 있어요 .

1) **가 :** 요즘 뭐 해요? (태권도를 배우다)

나 : ______________________________ .

2) **가 :** 이리나 씨가 지금 숙제를 해요? (밥을 먹다)

나 : 아니요, ______________________________.

3) **가 :** 어머니께서 청소를 하고 계세요? (요리를 하다)

나 : 아니요, ______________________________.

4) **가 :** 누구한테서 한국말을 배우고 있어요?

나 : ______________________________.

5) **가 :** 누구하고 같이 살고 있어요?

나 : ______________________________.

2. 그림을 보고 《보기》와 같이 대화를 완성하세요.

윤아 : 지금 친구들이 뭘 하고 있어요?

바트 : 《보기》 투이 씨는 선물 상자를 열고 있어요.

1) 압둘라 씨는 ______________________.

2) 마키 씨는 ______________________.

3) 제프리 씨는 ______________________.

4) 카오루 씨는 ______________________.

5) 알렉세이 씨는 ______________________.

5~21과 종합문제

[1-6] 다음 (　　)에 들어갈 알맞은 말을 고르세요.

1. (　　　　)

저는 회사에서 일합니다. (　　　　　)입니다.

① 회사원　　② 의사　　③ 학생　　④ 가수

2. (　　　　)

저는 어제 (　　　　　)에 갔습니다. 책을 샀습니다.

① 병원　　② 식당　　③ 서점　　④ 문구점

3. (　　　　)

단어를 모릅니다. 그래서 (　　　　　)을/를 봤습니다.

① 사전　　② 에어컨　　③ 컴퓨터　　④ 책상

4. (　　　　)

저는 월요일부터 금요일까지 학교에 갑니다. (　　　　　)에는 학교에 가지 않습니다.

① 화요일　　② 수요일　　③ 주말　　④ 평일

5. (　　　　)

가 : 몇 시에 아침을 드세요?
나 : 8시에 아침을 (　　　　　).

① 드셔요　　② 봐요　　③ 요리해요　　④ 먹어요

6. (　　　　)

책상 (　　　　　)에 컴퓨터가 있어요.

① 안　　② 위　　③ 밖　　④ 아래

[7-9] 밑줄 친 말의 반대말을 고르세요.

7. (   )

가 : 교실이 커요?
나 : 아니요, (   ).

① 많아요　② 좋아요　③ 예뻐요　④ 작아요

8. (   )

가 : 그 가방이 비싸요?
나 : 아니요, (   ).

① 싸요　② 나빠요　③ 길어요　④ 맛있어요

9. (   )

가 : 교실에 학생이 많아요?
나 : 아니요, (   )

① 예뻐요　② 적어요　③ 길어요　④ 작아요

[10-13] (   ) 안에 알맞은 말을 고르세요.

10. (   )

가 : (   ) 나라 사람입니까?
나 : 미국 사람입니다.

① 몇　② 어디　③ 얼마　④ 어느

11. (   )

가 : 교실이 (   ) 층에 있어요?
나 : 4층에 있어요.

① 몇　② 어디　③ 얼마　④ 뭐

12. (   )

가 : (   )이에요/예요?
나 : 36,000원입니다.

① 몇　② 어디　③ 얼마　④ 뭐

13. (　　　　)

> 가 : 어제 (　　㉠　　)에 갔어요?
> 나 : 시장에 갔어요.
> 가 : (　　㉡　　) 샀어요?
> 나 : 과일하고 고기를 샀어요.

① ㉠ 무엇 ㉡ 뭘　　② ㉠ 어디 ㉡ 누가
③ ㉠ 언제 ㉡ 얼마　　④ ㉠ 어디 ㉡ 뭘

[14-15] 다음을 읽고 물음에 답하세요.

> 오늘은 목요일이에요. 오전에 한국어를 공부해요. 오후에 선물을 사러 명동에 갈 거예요. ㉠모레가 동생 생일이에요. 동생이 향수를 좋아해요. 그래서 동생에게 향수를 (　　㉡　　).

14. ㉠은 무슨 요일이에요? (　　　　)

① 수요일　　② 금요일　　③ 토요일　　④ 일요일

15. ㉡에 알맞은 것을 고르세요. (　　　　)

① 줄 거예요　　② 받을 거예요　　③ 드릴 거예요　　④ 만날 거예요

[16-19] 《보기》와 같이 밑줄 친 부분을 맞게 읽은 것을 고르세요.

> 《보기》 (　②　)　냉장고에 주스가 6병 있어요.
>
> ① 다섯　　❷ 여섯　　③ 오　　④ 육

16. (　　　　)　우리 교실은 5층이에요.

① 칠　　② 오　　③ 다섯　　④ 일곱

17. (　　　　)　사과가 3개 있어요.

① 삼　　② 셋　　③ 세　　④ 사

18. (　　　　)

> 오늘은 <u>6</u>월 17일이에요.

① 십　② 시　③ 육　④ 유

19. (　　　　)

> 지금 <u>8시 54분</u>이에요.

① 여덟 시 오십사 분　② 팔 시 오십사 분
③ 여덟 시 사십오 분　④ 팔 시 사십오 분

[20-23] (　　) 안에 알맞은 말을 고르세요.

20. (　　　　)

> 저는 한국 음식 (　　　　　) 좋아해요.

① 를　② 을　③ 가　④ 이

21. (　　　　)

> 학생들이 도서관(　　　　　) 공부해요.

① 에서　② 에　③ 을　④ 를

22. (　　　　)

> 저녁에 친구(　　　　　) 전화를 해요.

① 에　② 에서　③ 에게　④ 에게서

23. (　　　　)

> 저는 한국 음식을 잘 먹어요. 중국 음식(　　　　　) 잘 먹어요.

① 만　② 이　③ 에게　④ 도

[24-25] 《보기》와 같이 다음 (   ) 안에 같이 들어갈 말을 고르세요.

> 《보기》 (   )
>
> 집(   ) 텔레비전을 봐요.
> 공원(   ) 자전거를 탔어요.
>
> ❶ 에서   ② 를   ③ 에   ④ 가

24. (   )

10월 27일(   ) 파티를 해요.
이 사과는 한 개(   ) 500원이에요.
월요일부터 금요일까지 학교(   ) 가요.
가방(   ) 책이 없어요.

① 를   ② 에   ③ 가   ④ 에서

25. (   )

꽃(   ) 예뻐요.
사람(   ) 많아요.
책상 위에 볼펜(   ) 있어요.
마이클(   ) 물을 마셔요.

① 에서   ② 을   ③ 에   ④ 이

[26-33] (   ) 안에 알맞은 것을 고르세요.

26. (   )

가 : 아버지는 무엇을 하세요?
나 : (   ).

① 회사원이세요.   ② 한국 사람이세요.
③ 한국 사람은 안 계세요.   ④ 매일 한국에 오세요.

27. (   )

가 : 어제 뭐 했어요?
나 : 집에서 (   ).

① 쉬어요   ② 쉬겠어요   ③ 쉬었어요   ④ 쉴 거예요

28. (　　　　)

> **가 :** 주말에 뭐 하실 거예요?
> **나 :** (　　　　　　　　　　　　　　).

① 영화를 보고 있어요　　② 영화를 볼 거예요
③ 영화를 보세요　　④ 영화를 봤어요

29. (　　　　)

> **가 :** 아침에 테니스를 배워요.
> **나 :** 그래요? 저도 (　　　　　　　　).

① 안 배워요　　② 배우지 않아요
③ 배우네요　　④ 배우고 있어요

30. (　　　　)

> **가 :** 언제 도서관에 갔어요?
> **나 :** (　　　　　　　　　　　　　　).

① 제가 갔어요　　② 내일 갔어요
③ 오전에 갔어요　　④ 친구하고 갔어요

31. (　　　　)

> **가 :** 이 전자사전은 22만원입니다.
> **나 :** (　　　　　　　　　　　　　　).

① 비쌀 거에요　　② 비싸네요
③ 비쌌어요　　④ 비싸세요

32. (　　　　)

> **가 :** 누구하고 커피를 마실 거예요?
> **나 :** (　　　　　　　　　　　　　　).

① 친구가 마셨어요　　② 친구도 마셨어요
③ 친구가 마실 거예요　　④ 친구하고 마실 거예요

33. (   )

가 : 청소가 끝났어요?
나 : (   ).
가 : 그럼 저하고 같이 해요.

① 아니요, 안 끝났어요
② 아니요, 끝났어요
③ 네, 같이 해요
④ 네, 같이 했어요

[34-35] 《보기》와 같이 문장을 완성하세요.

《보기》 (2)

전화를　　저는　　받았습니다　　친구한테서

① 전화를 친구한테서 저는 받았습니다.
② 저는 친구한테서 전화를 받았습니다.

34. (   )

있어요　　뒤에　　교실　　휴지통은

① 뒤에 휴지통은 교실 있어요.
② 휴지통은 교실 뒤에 있어요.

35. (   )

저는　　공부해요　　1시부터　　한국어를　　3시까지

① 저는 1시부터 3시까지 한국어를 공부해요.
② 저는 3시까지 1시부터 한국어를 공부해요.

36. 밑줄 친 부분을 잘못 바꾸어 쓴 것을 고르세요. (　　　　)

영수증

공책	4	4,000원
볼펜	2	1,600원
지우개	1	500원
합계		6,100원

저는 오늘 문구점에 갔습니다. ①문구점에서 공책 네 권하고 볼펜 두 개를 사고 ②지우개도 하나 개 샀습니다. ③모두 육천 백 원이었습니다. ④공책은 한 권에 천 원, 볼펜은 한 개에 팔백 원, 지우개는 한 개에 오백 원이었습니다. 저는 이것을 친구에게 선물할 거예요.

[37-38] 다음의 내용과 같은 것을 고르십시오.

37. (　　　　)

어제 백화점에 옷을 사러 갔습니다. 옷이 조금 비쌌습니다. 그래서 티셔츠 하나만 샀습니다.

① 백화점에서 티셔츠를 샀습니다.
② 어제 옷을 많이 샀습니다.
③ 저는 백화점에 가겠습니다.
④ 백화점은 옷이 쌉니다.

38. (　　　　)

저는 학교에서 중국어를 가르칩니다. 오늘도 학생들을 가르치러 학교에 갑니다. 월요일하고 목요일에 학교에 갑니다.

① 이 사람은 학생입니다.
② 이 사람은 한국어를 배웁니다.
③ 이 사람은 중국어 선생님입니다.
④ 이 사람은 매일 학교에 갑니다.

[39-40] 다음의 내용과 다른 것을 고르십시오.

39. (   )

제 친구 산드로 씨는 스위스에서 왔습니다. 산드로 씨는 매일 운동을 합니다. 평일 아침에는 수영을 합니다. 그리고 주말에는 야구를 합니다.

① 산드로 씨와 저는 친구입니다.
② 산드로 씨는 수영을 잘합니다.
③ 산드로 씨는 스위스 사람입니다.
④ 산드로 씨는 월요일에 야구를 안 합니다.

40. (   )

저는 중국 사람입니다. 요리사예요. 한국호텔에서 일합니다. 한국호텔은 종로에 있습니다.

① 저는 중국에서 왔습니다.
② 제 직업은 요리사입니다.
③ 저는 종로에서 일합니다.
④ 저는 요리를 배웁니다.

[41-42] 다음 글을 읽고 질문에 답하세요.

우리 집은 길음역 근처에 있어요.
길음역 옆에 빵집이 있어요.
우리는 매일 저녁 그 빵집에 빵을 사러 가요.
어제 저녁에도 그 빵집에서 빵을 샀어요.
그 가게 빵이 아주 (㉠   ).
빵집 위에 병원이 있어요.
병원 뒤에 하숙집과 원룸이 있어요.
우리 집은 하숙집이 아니에요. 원룸이에요.
우리 집은 201호예요.

41. 읽은 내용과 같은 것을 고르세요. (　　　　)

① 병원 위에 빵집이 있어요.
② 나는 하숙집에 살아요.
③ 어제 저녁에 빵집에 갔어요.
④ 우리 집은 일 층에 있어요.

42. ㉠에 들어갈 알맞은 말을 고르세요. (　　　　)

① 맛있어요
② 멋있어요
③ 조용해요
④ 깨끗해요

22과 같이 밥 먹으러 갈까요?

어휘

1. 《보기》에서 알맞은 음식 이름을 골라 쓰세요.

《보기》 불고기 생선회 냉면 비빔밥 삼겹살 삼계탕

불고기

____

____

____

____

____

2. 《보기》에서 관계있는 것을 골라 쓰세요.

《보기》 음식 색깔 음악 운동 동물

1) 갈비찜, 비빔밥, 냉면 음식

2) 축구, 농구, 수영 __________

3) 고양이, 개, 돼지 __________

4) 파란색, 빨간색, 하얀색 __________

5) 클래식, 힙합, K-POP __________

3. 《보기》에서 알맞은 단어를 골라 쓰세요.

《보기》 준비하다 밝다 값 정문

1) 우리 교실은 창문이 커요. 어둡지 않아요. ________아/어/여요.

2) **가** : 어디에서 만날까요?
나 : 학교 ________ 앞에서 만나요.

3) 오늘은 제 생일이에요. 집에서 생일 파티를 할 거예요. 친구들이 집에 올 거예요.
그래서 지금 음식과 음료수를 ________고 있어요.

4) 이 가방은 예쁘고 ________도 싸요.

-(으)ㄹ까요?

1. 다음 표를 완성하세요.

동사	-(으)ㄹ까요?
가다	갈까요?
보다	
마시다	
공부하다	
요리하다	
찍다	
먹다	
만들다	

2. 《보기》에서 알맞은 대답을 골라 대화를 완성하세요.

《보기》 ✓ 같이 식당에 가다
도서관에 공부하러 가다
여기에서 사진을 찍다
같이 수영장에 가다
의자에 앉다

1) **가 :** 배가 고파요.
나 : 같이 식당에 갈까요?

2) **가 :** 내일 시험이 있어요.
나 : ____________________?

3) **가 :** 다리가 아파요.
나 : ____________________?

4) **가 :** 여기에 꽃이 많아요. 참 예뻐요.
나 : ____________________?

5) **가 :** 오늘 날씨가 아주 덥습니다.
나 : ____________________?

3. 다음 여행 계획표를 보고 대화를 완성하세요.

제주도 여행

- 날짜 : 5/20~5/23
- 출발 장소 : 김포공항
- 비행기 시간 : 오후 4시
- 숙박 : 제주호텔
- 호텔 식사 메뉴 : 한식(불고기, 비빔밥, 삼계탕)

1) **가 :** ____________________(으)ㄹ까요?
나 : 제주도에 가요.

2) **가 :** 언제 갈까요?
나 : ____________________________________.

3) **가 :** 몇 시 비행기를 탈까요?
나 : ____________________________________.

4) **가 :** ____________________________________?
나 : 제주호텔에서 자요.

5) **가 :** ____________________________________?
나 : 비빔밥을 먹어요.

-고

1. 《보기》에서 알맞은 단어를 골라 문장을 완성하세요.

《보기》 ✓넓다 좁다 쉽다 재미있다 ✓좋다 깨끗하다
똑똑하다 맛있다 달다 크다 작다 아름답다
복잡하다 친절하다

운동장 → 운동장이 넓고 좋습니다.

1) 불고기 → ____________________________________.

2) 한국어 공부 → ____________________________________.

3) 서울 → ____________________________________.

4) 고향 → ____________________________________.

5) 친구 → ____________________________________.

2. 다음 인터뷰 표를 보고 《보기》와 같이 대화를 완성하세요.

	마키 씨 	장핑 씨 
어느 나라 사람이에요?	일본	중국
언제 한국에 왔어요?	세 달 전에	한 달 전에
무슨 음식을 좋아해요?	불고기	냉면
쇼핑하러 어디에 자주 가요?	명동	동대문 시장
주말에 보통 뭘 해요?	친구를 만나요. 쇼핑도 해요.	요리해요. 사진도 찍어요.

《보기》 **가 :** 두 사람은 언제 한국에 왔어요?

나 : 마키 씨는 세 달 전에 왔고 장핑 씨는 한 달 전에 왔어요.

1) **가 :** 두 사람 모두 중국 사람이에요?

나 : 아니요, ____________________고 ____________________.

2) **가 :** 마키 씨와 장핑 씨는 무슨 음식을 좋아해요?

나 : ____________________고 ____________________.

3) **가 :** 두 사람은 쇼핑하러 어디에 자주 가요?

나 : ____________________고 ____________________.

4) **가 :** 마키 씨는 주말에 보통 뭘 해요?

나 : ____________________고 ____________________.

5) **가 :** 장핑 씨는 주말에 보통 뭘 해요?

나 : ____________________고 ____________________.

23과 불고기는 맵지 않은 음식이에요

어휘

1. 《보기》와 같이 알맞은 말을 쓰세요.

> 《보기》 김치찌개, 순두부찌개 – 한국 음식 – 한식집/한식당

1) 초밥, 우동 – ______________ – ______________

2) 짜장면, 탕수육 – ______________ – ______________

3) 스파게티, 스테이크 – ______________ – ______________

2. 관계있는 것을 연결하세요.

1)  •   • 짜다

2)  •   • 시다

3) 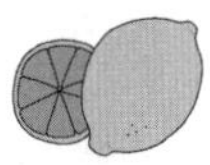 •   • 맵다

4) 

•   • 달다

3. 반대말을 연결하세요.

1) 더럽다 •   • 깨끗하다

2) 뜨겁다 •   • 어렵다

3) 쉽다 •   • 덥다

4) 춥다 •   • 차갑다

5) 가깝다 •   • 멀다

ㅂ 불규칙 동사/형용사

1. 다음 표를 완성하세요.

동사/형용사	-(스)ㅂ니다	-아/어/여요	-았/었/였어요
춥다	춥습니다	추워요	추웠어요
덥다			
어렵다			
쉽다			
가깝다			
맵다			
돕다			

2. 《보기》와 같이 문장을 완성하세요.

《보기》 오늘 날씨가 추워요 .
(춥다)

1) 지난주에는 날씨가 ________________ 았/었/였어요.
(덥다)

2) 시험이 ________지 않아요. 어려워요.
(쉽다)

3) 저는 기숙사에 살아요. 기숙사는 학교에서 ________________ 아/어요.
(가깝다)

4) 커피가 아주 ________________ 아/어요.
(뜨겁다)

5) 떡볶이가 ________고 달아요.
(맵다)

3. 그림을 보고 《보기》와 같이 대화를 완성하세요.

《보기》 가 : 고양이가 어때요?

나 : 아주 귀여워요.

1) 

가 : 물이 뜨거워요?

나 : 아니요, ________지 않아요.

2) 

가 : 운동화가 더러워요?

나 : 아니요, ________지 않아요.

3) 

가 : 그 영화가 어땠어요?

나 : ____________________________.

4) 

가 : 시험이 어땠어요?

나 : ____________________________.

5) 

가 : 방이 조용해요?

나 : 아니요, ____________________________.

-(으)ㄴ

1. 그림을 보고 《보기》와 같이 쓰세요.

《보기》 가방이 비싸요. → <u>비싼 가방</u>

1)  가방이 작아요. → ____________________

2)  방이 더러워요. → ____________________

3)  떡볶이가 매워요. → ____________________

4) 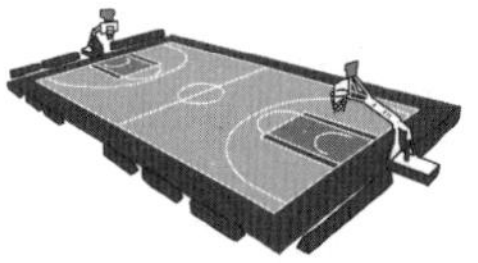 농구장이 커요. → ____________________

5)  노래방이 넓어요. → ____________________

6) 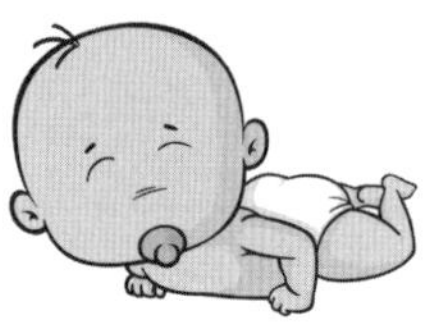 아기가 귀여워요. → ____________________

2. 《보기》와 같이 문장을 완성하세요.

《보기》 명동에 예쁜 옷이 많아요. 그래서 명동에서 자주 쇼핑해요.
(예쁘다)

1) 주말에 ____________ 공원에서 산책할까요? 공원 근처에 맛있는 식당도 있어요.
(가깝다)

2) 저는 친절하고 ____________ 남자를 좋아해요.
(멋있다)

3) **가 :** 어제 어떤 영화를 봤어요?
나 : ____________ 영화를 봤어요.
(슬프다)

4) **가 :** 어떤 음악을 좋아해요?
나 : ____________ 음악을 좋아해요.
(조용하다)

5) **가 :** 어떤 음식을 좋아해요?
나 : ____________ 음식을 좋아해요.
(맵다)

24과 전 냉면을 먹고 싶어요

어휘

1. 《보기》와 같이 쓰세요.

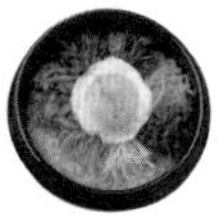 《보기》 비빔밥(2) <u>두 그릇</u>

1) 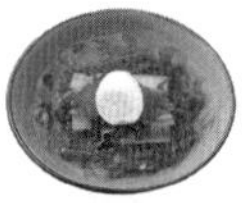 냉면(3) ____________

2) 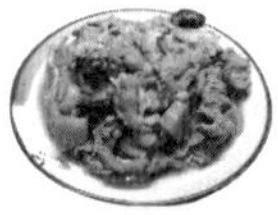 불고기(1) ____________

3) 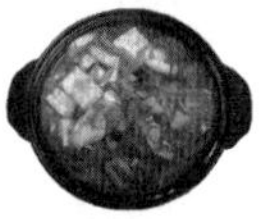 김치찌개(2) ____________

4)  떡볶이(3) ____________

5)  짜장면(4) ____________

2. 《보기》에서 알맞은 단어를 골라 쓰세요.

《보기》 심심하다 시키다 종업원 인터넷 다리

1) 오늘은 학교에 가지 않아요. 기숙사에 친구들도 없어요. 집에 있는 책도 모두 읽었어요.
______________아/어/여요.

2) **가 :** 무슨 음식을 주문했어요?
나 : 비빔밥을 ____________았/었/였어요.

3) 어제 운동을 많이 했어요. __________이/가 아파요.

4) 그 식당은 깨끗하고 __________이/가 아주 친절해요.

5) __________은/는 아주 편리합니다. 고향에 있는 친구들에게 이메일을 보냅니다. 한국 사진도 보냅니다.

-고 싶다

1. 《보기》에서 알맞은 것을 골라 쓰세요.

《보기》 보고 싶어요　가고 싶어요　먹고 싶어요　앉고 싶어요

1) 저는 세 달 전에 한국에 왔어요. 고향에 ____________________.

2) 아침을 안 먹었어요. 배가 고파요. 밥을 ____________________.

3) 심심해요. 재미있는 영화를 ____________________.

4) 한 시간 걸었어요. 다리가 아파요. 의자에 ____________________.

2. 《보기》와 같이 대화를 완성하세요.

《보기》
가 : 이번 주말에 뭘 하고 싶어요?
나 : 명동에서 쇼핑하고 싶어요.

1) **가** : 방학에 뭘 하고 싶어요?
나 : 제주도를 ____________________.

2) **가** : 오늘 저녁에 뭘 하고 싶어요?
나 : 저녁에 친구를 만나요. 노래방에서 ____________________.

3) **가** : 무슨 음식을 먹을까요?
나 : 저는 삼겹살을 ____________________.

4) **가** : 오후에 어디에 가고 싶어요?
나 : 오늘 잠실에서 콘서트가 있어요. 거기에 ____________________.

5) **가** : 어디에서 사진을 찍을까요?
나 : 경치가 좋은 곳에서 ____________________.

-(으)세요, -지 마세요

1. 다음 표를 완성하세요.

동사	-(으)세요	-지 마세요
가다	가세요	가지 마세요
오다		
보다		
주다		
말하다		
노래하다		
찍다		
읽다		
받다		
듣다		
만들다		
※ 자다		
※ 먹다		

2. 선생님께서 교실에서 무슨 말씀을 하세요? 《보기》와 같이 쓰세요.

《보기》 칠판을 보다 → 칠판을 보세요.

1) 학교에 일찍 오다 → ____________________.

2) 책을 읽다 → ____________________.

3) 친구와 같이 이야기하다 → ____________________.

4) 의자에 앉다 → ____________________.

5) 창문을 닫다 → ____________________.

3. 다음 장소에서 무엇을 하면 안 됩니까? 《보기》와 같이 쓰세요.

《보기》 큰 소리로 말하지 마세요.

1) 음식을 ______________________.

2) 음료수를 ______________________.

3) 큰 소리로 음악을 ______________________.

4) 전화를 ______________________.

5) 담배를 ______________________.

25과 이 식당은 음식은 맛있지만 좀 불친절해요

어휘

1. 《보기》에서 알맞은 단어를 골라 문장을 완성하세요.

《보기》 불편하다 초대하다 웃다 사용하다 불다

1) 어제 코미디 영화를 봤어요. 많이 ________________ .

2) **가** : 내일 제 생일 파티에 __________고 싶습니다. 꼭 오세요.
   나 : 감사합니다. 꼭 가겠습니다.

3) **가** : 미국에서는 식사 시간에 젓가락을 써요?
   나 : 아니요, 포크를 ________________ .

4) 오늘은 좀 추워요. 바람도 많이 ________________ .

5) 이 소파는 편하지 않아요. 좀 ________________ .

2. 《보기》에서 알맞은 단어를 골라 문장을 완성하세요.

《보기》 숟가락 미역국 반찬 문화

한국에서는 생일에 ______________을/를 먹습니다. 국은 물이 많습니다. 그래서 __________(으)로 먹습니다. 한국 사람들은 밥과 국과 __________을/를 같이 먹습니다. 이것이 한국의 음식 __________입니다.

–지만

1. 《보기》에서 알맞은 단어를 골라 문장을 완성하세요.

《보기》 힘들다 재미있다 비싸다 불친절하다 깨끗하다 맵다

1) 한국 생활이 재미있지만 ____________________.

2) 그 식당은 음식값이 싸지만 종업원이 ____________________.

3) 교실이 좁지만 ____________________.

4) 한국어가 어렵지만 ____________________.

5) 백화점은 편하고 물건이 좋지만 ____________________.

6) 김치가 __________지만 맛있어요.

2. 《보기》와 같이 대화를 완성하세요.

《보기》 **가 :** 이 가방이 어때요?
나 : 예쁘지만 비싸요.

1) 가 : 한국어 공부가 어때요?
나 : 재미있지만 좀 ____________________.

2) 가 : 오늘 날씨가 어때요?
나 : ____________________지만 춥지 않아요.

3) 가 : 동대문 시장이 어때요?
나 : 물건 값이 싸지만 ____________________.

4) 가 : 집이 어때요?
나 : ____________________지만 좀 작아요.

5) 가 : 학생 식당 음식이 어때요?
나 : 싸지만 ____________________.

ㄹ 탈락

1. 다음 표를 완성하세요.

동사/형용사	-아/어/여요	-(스)ㅂ니다	-(으)세요
알다		압니다	
팔다			
울다			
불다			
살다			
놀다			
만들다			
들다			
멀다			*
달다			*
길다			*
힘들다			*

2. 그림을 보고 문장을 완성하세요.

1)  아기가 ________________(스)ㅂ니다.

2)  바람이 ________________(스)ㅂ니다.

3)  케이크를 ________________(으)세요.

4)  창문을 ________________(으)세요.

5) 

윤아 씨 집이 ________________(스)ㅂ니다.

3. 다음 대화를 완성하세요.

1) **가 :** 도서관은 몇 시에 문을 열어요?
나 : 9시에 ________________________________(스)ㅂ니다.

2) **가 :** 선생님 이름을 알아요?
나 : 네, ________________________________(스)ㅂ니다.

3) **가 :** 친구 머리가 길어요?
나 : 네, ________________________________(스)ㅂ니다.

4) **가 :** 어디에서 사십니까?
나 : ________________________________(스)ㅂ니다.

5) **가 :** 어머니께서 무슨 음식을 잘 만드세요?
나 : ________________________________(스)ㅂ니다.

26과 제주도는 서울보다 따뜻해요

어휘

1. 그림을 보고 (　　) 안에 알맞은 단어를 쓰세요.

《보기》 비가 오다　눈이 오다　맑다　흐리다　따뜻하다　시원하다　덥다　춥다

(눈이 오다)	1) (　　　　)	2) (　　　　)	3) (　　　　)

4) (　　　　)	5) (　　　　)	6) (　　　　)	7) (　　　　)

2. 《보기》에서 알맞은 단어를 골라 문장을 완성하세요.

《보기》 행복하다　힘들다　더　세일　보통

1) 오늘 운동을 많이 했어요. 그래서 지금 ________아/어/여요.

2) 백화점에서 ________을/를 하고 있었어요. 그래서 백화점에 사람이 많았어요.

3) 사과는 1개에 1,000원이고 배는 1개에 1,500원이에요. 사과보다 배가 _____ 비싸요.

4) 오늘 남자 친구에게서 연애편지를 받았어요. 저는 ________(으)ㄴ 사람이에요.

5) 제프리 씨는 책을 좋아해요. 그래서 _______ 1주일에 3권쯤 책을 읽어요.

보다

1. 그림을 보고 《보기》와 같이 대화를 완성하세요.

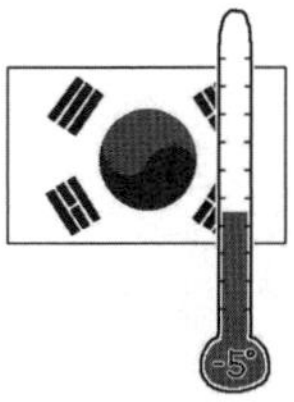
한국

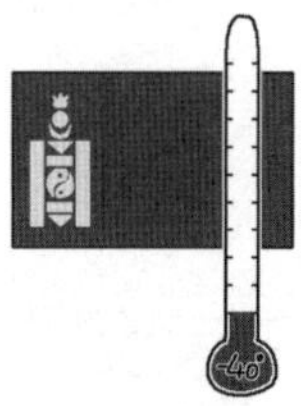
몽골

《보기》

가 : 어느 나라가 더 추워요?

나 : 몽골이 한국보다 더 추워요.

윤아

바트

1) 가 : 누구 가족이 더 많아요?

나 : ______________________.

지훈

윤아

2) 가 : 누구 운동화가 더 깨끗해요?

나 : ______________________.

축구(11명)

농구(5명)

3) 가 : 어느 운동에 선수가 더 많아요?

나 : ______________________.

A반

B반

4) 가 : 어느 교실에 학생이 더 많아요?

나 : ______________________.

김밥

떡볶이

5) 가 : 뭘 더 좋아해요?

나 : ______________________.

2. 그림을 보고 《보기》와 같이 대화를 완성하세요.

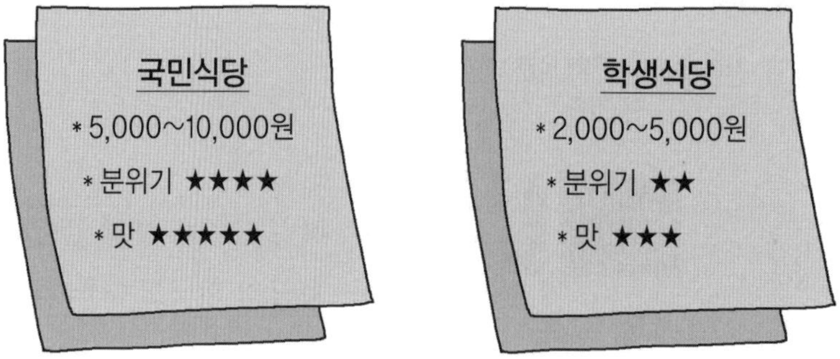

《보기》 **가 :** 어느 식당이 더 비싸요?
나 : 국민 식당이 학생 식당보다 더 비싸요 .

1) **가 :** 어느 식당이 더 싸요?
나 : ______________________________ .

2) **가 :** 어느 식당이 분위기가 더 좋아요?
나 : ______________________________ .

3) **가 :** 어느 식당 음식이 ____________________ ?
나 : ______________________________ .

-겠-[2]

1. 관계있는 것을 연결하세요.

1) 제가 비빔밥을 만들었어요. •　　• 피곤하겠어요.

2) 3년 동안 고향에 가지 않았어요. •　　• 무서웠겠어요.

3) 저는 수업이 끝나고 아르바이트를 해요. •　　• 고향에 가고 싶겠어요.

4) 어젯밤에 큰 집에서 혼자 잤어요. •　　• 아주 맛있겠어요.

5) 지난 주말에 친구에게서 꽃을 받았어요. •　　• 기분이 정말 좋았겠어요.

2. 《보기》와 같이 대화를 완성하세요.

《보기》 **가 :** 아침하고 점심을 먹지 않았어요.
나 : 배가 고프겠어요 .

1) **가 :** 제 방에는 에어컨이 있어요.
나 : ______________________ .

2) **가 :** 내일 놀이공원에 갈 거예요.
나 : ______________________ .

3) **가 :** 우리 원룸 1층에 노래방이 있어요.
나 : ______________________ .

4) **가 :** 어제 남자 친구하고 싸웠어요.
나 : ______________________ .

3. 다음 질문에 대한 대답을 보고 여행 계획을 세워 보세요.

1) 어디에 더 가고 싶어요?	제주도(✓) / 부산( )
2) 언제 더 시간이 많아요?	토요일(✓) / 일요일( )
3) 무엇이 더 편해요?	배( ) / 비행기(✓)
4) 어디가 더 더워요?	제주도 30도(✓) / 서울 25도( )

⇩

저는 부산보다 제주도에 더 가고 싶어요. 그래서 ______________에 갈 거예요.

__________보다 __________이/가 더 바빠요. 그래서 __________에 갈 거예요.

____

____

서울보다 제주도가 더 더워요. 그래서 ________________을/를 준비할 거예요.

이 여행이 아주 ________________겠어요.

27과 장마가 끝나고 더워졌어요

어휘

1. 그림을 보고 (   ) 안에 알맞은 단어를 쓰세요.

봄	여름	가을	겨울

(봄) 1) (   ) 2) (   ) 3) (   )

2. 【보기】에서 알맞은 단어를 골라 대화를 완성하세요.

【보기】 화장	음악	채소	점수	빨리

1) **가 :** 윤아 씨, 오늘 왜 ____________을/를 했어요?
   나 : 오늘 남자 친구하고 데이트가 있어요.

2) **가 :** 간토야 씨는 무슨 ____________을/를 좋아하세요?
   나 : 저는 K-pop을 좋아해요.

3) **가 :** 지훈 씨, 시험을 잘 봤어요?
   나 : 아니요, 시험을 잘 못 봤어요. 특히 듣기 시험 ________이/가 나빠요.

4) **가 :** 요즘 너무 뚱뚱해졌어요. 그래서 걱정이에요.
   나 : 고기를 너무 많이 드시지 마세요. ____________을/를 많이 드세요.

5) **가 :** 여보세요. 제프리 씨, 어디예요?
   나 : 미안해요. 지금 학교 앞이에요.
   가 : ________ 오세요.

-는

1. 다음 표를 완성하세요.

동사	-는	동사	-는
가다	가는	먹다	먹는
자다		듣다	
보다		읽다	
만나다		닫다	
쉬다		살다	
마시다		만들다	
배우다		열다	

2. 《보기》와 같이 문장을 완성하세요.

《보기》 지훈 씨는 노래방에 가주 가요. → 지훈 씨가 자주 가는 곳은 노래방이에요.

1) 압둘라 씨는 비빔밥을 좋아해요 . → ______________ 음식은 비빔밥이에요.

2) 카오루 씨는 K-POP을 자주 들어요. → ______________ 음악은 K-POP이에요.

3) 이리나 씨는 콜라를 많이 마셔요. → ______________________________.

4) 간토야 씨는 고양이를 좋아해요. → ______________________________.

5) 장핑 씨는 왕쯔이 씨하고 자주 만나요. → ______________________________.

6) 바트 씨는 자주 수영을 해요. → ______________________________.

3. 그림을 보고 《보기》와 같이 문장을 완성하세요.

《보기》 노래를 부르는 사람이 알렉세이 씨예요.

1) ________________.

2) ________________.

3) ________________.

4) ________________.

6) ________________.

-아/어/여지다

1. 다음 표를 완성하세요.

형용사	-아/어/여졌어요	형용사	-아/어/여졌어요
싸다	싸졌어요	재미있다	재미있어졌어요
많다		예쁘다	
좋다		크다	
높다		춥다	
작다		쉽다	
깨끗하다		멀다	
뚱뚱하다		길다	

2. 《보기》에서 알맞은 단어를 골라 문장을 완성하세요.

《보기》 뚱뚱하다　좋다　조용하다　깨끗하다　멀다　시원하다

1) 교실이 더웠어요. 그래서 에어컨을 켰어요. 교실이 아주 시원해졌어요 .

2) 교실이 너무 시끄러웠어요. 그래서 문을 닫았어요. 이제는 좀 ______________ .

3) 방이 더러워요. 그래서 청소를 했어요. 방이 ______________ .

4) 저는 발음이 좋지 않았어요. 그래서 날마다 발음을 연습했어요. 발음이 ______________ .

5) 알렉세이 씨는 요즘 운동도 하지 않고 밤에 라면하고 치킨을 먹었어요.

그래서 전보다 더 ______________ .

6) 기숙사에서 원룸으로 이사를 했어요. 그래서 집이 더 ______________ .

3. 《보기》와 같이 대화를 만들어 보세요.

《보기》
가 : 요즘 한국 날씨가 어때요?
나 : 좀 더워졌어요. 그래서 팥빙수를 자주 먹어요.
가 : 팥빙수가 뭐예요?
나 : 팥빙수는 한국 사람들이 여름에 자주 먹는 간식이에요.
가 : 그래요? 다음에 같이 먹으러 가요.

⇩

가 : 요즘 ______________ 날씨가 어때요?
나 : 좀 ______________ .
그래서 ______________ 을/를(에) 자주 ______________ 아/어/여요.
가 : ______________ 이/가 뭐예요?
나 : ______________ .
가 : ______________ .

28과 계절 중에서 가을을 제일 좋아해요

어휘

1. 다음 계절과 어울리는 단어를 《보기》에서 찾아 쓰세요.

《보기》
덥다　춥다　따뜻하다　쌀쌀하다　단풍　황사　장마　눈
꽃구경하다　등산을 하다　스키를 타다　바다에서 수영을 하다
도시락　아이스크림　따뜻한 차　감

도시락	아이스크림	감	따뜻한 차
봄	여름	가을	겨울

2. 다음 동사와 어울리는 단어를 《보기》에서 찾아 쓰세요.

《보기》 택시　탁구　자전거　테니스　피아노　기타　비행기　오토바이

_________을/를 타다
- 택시를 타다
-
-
-

_________을/를 치다
- 탁구를 치다
-
-
-

중에서 제일

1. 《보기》와 같이 알맞은 말을 쓰고 문장을 완성하세요.

1) 봄, 여름, 가을, 겨울 → 계절 : 《보기》 저는 계절 중에서 봄을 제일 좋아해요 .

2) 수영, 축구, 농구, 요가 → ☐ : ______________________ .

3) K-POP, 클래식, 재즈 → ☐ : ______________________ .

4) 스파게티, 햄버거, 피자 → ☐ : ______________________ .

5) 어머니, 아버지, 동생, 형 → ☐ : ______________________ .

2. 《보기》와 같이 대화를 완성하세요.

《보기》

어머니 ☑	아버지 ☐	동생 ☐

가 : 누가 제일 보고 싶어요?

나 : 어머니하고 아버지하고 동생 중에서 어머니가 제일 보고 싶어요 .

1)

제주도 ☐	부산 ☐	경주 ☐

가 : 어디에 제일 가고 싶어요?

나 : ______________________ .

2)

자동차 ☐	노트북 ☐	카메라 ☐

가 : 무엇을 제일 사고 싶어요?

나 : ______________________ .

3)

말하기 ☐	듣기 ☐	쓰기 ☐

가 : 뭐가 제일 어려워요?

나 : ______________________ .

4)

중국 ☐	몽골 ☐	_____ ☐

가 : 우리 반에 어느 나라 학생이 제일 많아요?

나 : ______________________ .

-(으)ㄹ 수 있다/없다

1. 다음 표를 완성하세요.

동사	-(으)ㄹ 수 있어요	동사	-(으)ㄹ 수 있어요
가다	갈 수 있어요	먹다	먹을 수 있어요
보다		앉다	
마시다		읽다	
만나다		살다	
쉬다		만들다	

2. 그림을 보고 압둘라 씨가 할 수 있는 것과 할 수 없는 것을 쓰세요.

저는 ____________은/는 __________(으)ㄹ 수 있지만
____________은/는 __________(으)ㄹ 수 없어요.

1)  (○)	 (×)	2)  (○)	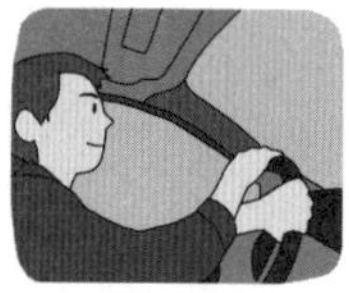 (×)
3) 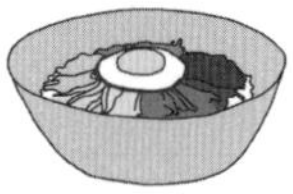 (○)	 (×)	4)  (○)	 (×)

1) ______________________________

2) ______________________________

3) ______________________________

4) ______________________________

3. 다음은 여러분이 토비 씨와 인터뷰한 내용입니다. 토비 씨와 인터뷰한 내용을 글로 써 보세요.

「토비 씨의 인터뷰」

	YES	NO
1. 한국어 일기를 쓸 수 있어요?	☑	☐
2. 한국 노래를 부를 수 있어요?	☐	☑
3. 색깔 중에서 무슨 색깔을 제일 좋아해요?	빨간색	
4. 과목 중에서 무슨 과목이 제일 좋아요?	수학	
5. 무슨 악기를 연주할 수 있어요?	바이올린	
6. 다른 외국어를 할 수 있어요?	일본어	
7. 영화 중에서 무슨 영화를 제일 좋아해요?	공포 영화	

제가 우리 반 친구 중에서 제일 좋아하는 친구는 토비 씨예요.
토비 씨는 한국어 일기를 쓸 수 (있어요/없어요)
그렇지만 한국 노래는 ______________________________

29과 비가 와서 바다에 가지 않았어요

어휘

1. 《보기》와 같이 표를 완성하세요.

《보기》

1) 저는 [사][과]를 제일 좋아해요.

2) [사][자]가 나오는 영화를 봐요.

1) ↓ 2) → 사	자
과	

1) 생일에는 가족들과 같이 [ ][ ][ ]를 먹어요.

2) 지금 살고 있는 집이 너무 불편해요.
그래서 [ ][ ]를 할 거예요.

1) ↓	
2) → 이	

3) 내일은 파티가 있어요.
예쁜 구두를 [ ][ ] 파티에 갈 거예요.

4) 파티에 꽃다발도 [ ][ ][ ] 갈 거예요.

		3) ↓
4) →		고

5) 비가 와요. [ ][ ]을 쓰세요.

6) [ ][ ]은 서울에 있는 산이에요.

	6) ↓
5) →	산

-아/어/여서[1]

1. 다음 표를 완성하세요.

동사/형용사	-아/어/여서	형용사/명사+이다	-아/어/여서
가다	가서	바쁘다	바빠서
오다		아프다	
먹다		예쁘다	
마시다		덥다	
좋다		춥다	
많다		멀다	
맛있다		길다	
재미없다		학생이다	
피곤하다		외국인이다	

2. 관계있는 것을 연결하고 문장을 완성하세요.

1) 아르바이트를 해요. •	• 열심히 공부해요.
2) 좋은 회사에서 일하고 싶어요. •	• 먹을 수 없어요.
3) 고향에서 친구가 왔어요. •	• 치마를 입고 왔어요.
4) 오늘 데이트를 해요. •	• 공항에 갔어요.
5) 김치가 매워요. •	• 시간이 없어요.

1) 아르바이트를 해서 시간이 없어요.

2) ____________________.

3) ____________________.

4) ____________________.

5) ____________________.

3. 《보기》와 같이 문장을 완성하세요.

《보기》 날씨가 좋아서 공원에 산책하러 갔어요.
(날씨가 좋다)

1) ______________________ 만날 수 없어요.
(시간이 없다)

2) ______________________ 편의점에서 라면을 샀어요.
(배가 고프다)

3) ______________________ 아이스크림을 자주 먹지 않아요.
(겨울이다)

4) 한국 역사를 알고 싶어서 ______________________.

5) 주말이어서 ______________________.

-(으)ㄴ

1. 다음 표를 완성하세요.

동사	-(으)ㄴ	동사	-(으)ㄴ
가다	간	먹다	먹은
자다		입다	
보다		읽다	
만나다		닫다	
마시다		살다	
배우다		만들다	
쓰다		열다	

2. 《보기》와 같이 문장을 완성하세요.

《보기》 주말에 북한산에 갔어요. 북한산이 아주 아름다웠어요.
→ 주말에 간 북한산이 아주 아름다웠어요.

1) 어제 친구하고 같이 김치찌개를 먹었어요. 그 김치찌개가 좀 매웠어요.

→ ______________________________ .

2) 사진을 찍으러 공원에 갔어요. 그 공원에 나무가 아주 많았어요.

→ ______________________________ .

3) 어제 윤아 씨가 불고기를 만들었어요. 불고기는 유명한 한국 음식이에요.

→ ______________________________ .

4) 오늘 문법을 배웠어요. 그 문법을 집에서 복습할 거예요.

→ ______________________________ .

3. 다음은 지훈 씨의 일기입니다. 일기를 읽고 다음 문장을 완성하세요.

지난주는 설 연휴였습니다. 그래서 목요일부터 일요일까지 학교에 가지 않았습니다. 그래서 금요일에 가족들을 만나러 고향에 갔습니다. 부모님 선물도 샀습니다.

설날 아침에는 어머니께서 만드신 떡국을 먹었습니다. 그 후에 부모님께 세배를 하고 세뱃돈을 받았습니다. 저도 부모님께 준비한 선물을 드렸습니다.

오후에는 가족들과 같이 윷놀이를 했습니다. 아주 재미있었습니다. 설날에는 맛있는 음식을 먹고 재미있는 놀이도 해서 좋습니다. 그리고 가족을 만나서 제일 좋습니다.

1) 지훈 씨가 지난 금요일에 간 곳은 고향이에요.

2) 지훈 씨가 산 것은 ______________ 이에요/예요.

3) 설날 아침에 어머니께서 ______________ 떡국이에요.

4) 지훈 씨가 부모님한테서 ______________ 세뱃돈이에요.

5) 지훈 씨가 오후에 한 일은 ______________ .

30과 사거리에서 왼쪽으로 가세요

어휘

1. 관계있는 것을 연결하세요.

1)  • • ㉠ 왼쪽

2)  • • ㉡ 육교

3)  • • ㉢ 오른쪽

4) 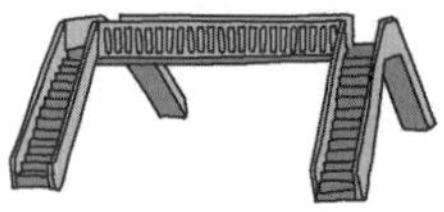 • • ㉣ 횡단보도

5)  • • ㉤ 신호등

6) 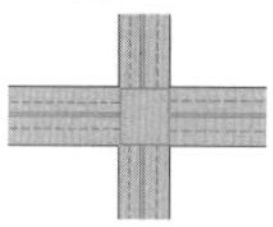 • • ㉥ 사거리

2. 《보기》에서 알맞은 단어를 골라 문장을 완성하세요.

《보기》	출구	들어오다	나가다	실례하다	물어보다	길이 막히다

1) 오늘은 밖이 춥네요. 오늘은 집 밖으로 __________지 마세요.

2) 지금부터 수업을 시작하겠어요. 빨리 교실로 __________(으)세요.

3) K마트는 지하철 4호선 길음역 3번 __________ 앞에 있습니다.

4) 출근 시간에는 __________아/어/여서 버스보다 지하철이 더 빠릅니다.

5) __________(스)ㅂ니다. 여기가 한국어교육센터 사무실입니까?

6) 공항버스를 타는 곳을 모르겠어요. 우리 지훈 씨에게 __________(으)ㄹ까요?

(으)로[1]

1. 맞는 것을 고르세요.

1) 오른쪽 (로, 으로) 가세요. 2) 밖(로, 으로) 나갈까요?
3) 위(로, 으로) 올라가세요. 4) 이쪽(로, 으로) 오세요.
5) 서울역 2번 출구(로, 으로) 나가세요. 6) 교실(로, 으로) 들어오세요.

2. 그림을 보고 《보기》와 같이 대화를 완성하세요.

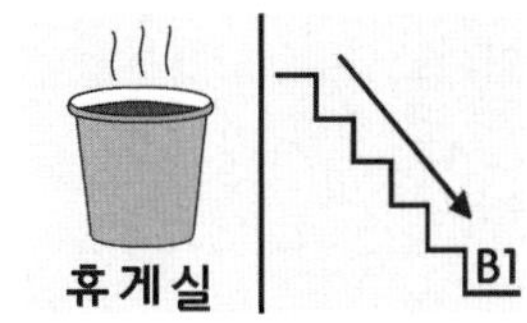	《보기》 가 : 휴게실이 어디에 있어요? 나 : 지하 1층으로 내려가세요.
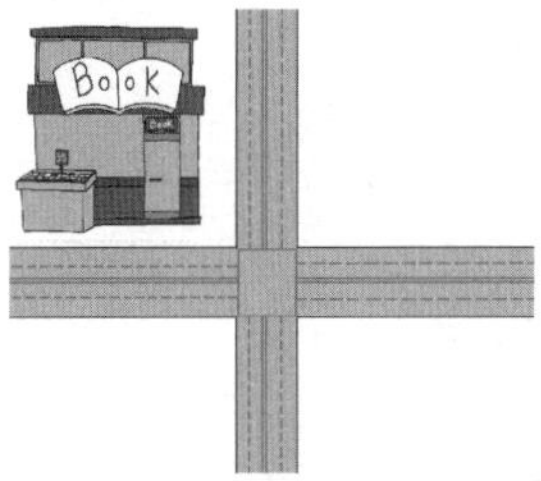	1) 가 : 서점이 어디에 있어요? 나 : 사거리에서 ______________.
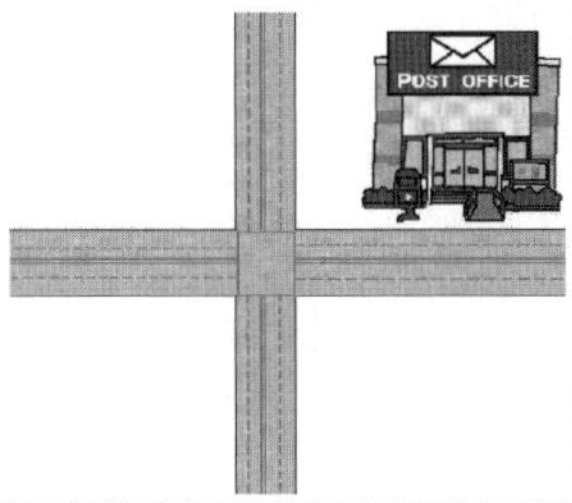	2) 가 : 우체국이 어디에 있어요? 나 : 사거리에서 ______________.
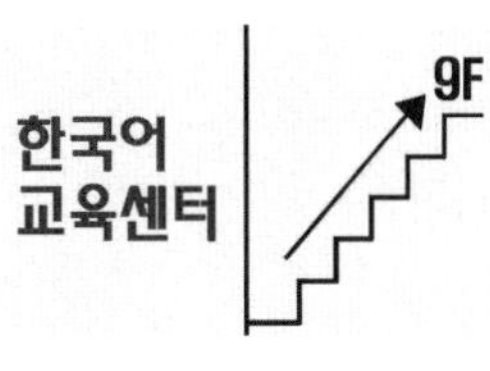	3) 가 : 한국어교육센터 사무실이 어디에 있어요? 나 : ______________.
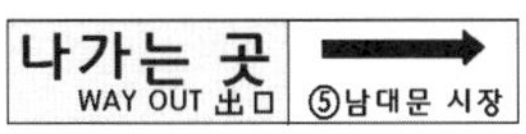	4) 가 : 남대문 시장에 어떻게 가요? 나 : ______________.

-(으)니까

1. 다음 표를 완성하세요.

동사	-(으)니까	형용사	-(으)니까
가다	가니까	예쁘다	예쁘니까
자다		싸다	
마시다		깨끗하다	
전화하다		많다	
먹다		적다	
읽다		길다	
만들다		달다	
알다		재미있다	
있다		시끄럽다	
없다		맵다	

2. 《보기》와 같이 문장을 완성하세요.

> 《보기》 다음 주에 시험을 보니까 열심히 공부하세요.

1) ____________________ 따뜻한 옷을 입으세요.
(날씨가 쌀쌀하다)

2) ____________________ 물을 좀 드세요.
(떡볶이가 맵다)

3) ____________________ 제가 전화하겠습니다.
(그 학생 전화번호를 알다)

4) ____________________ 좀 조용히 하세요.

5) ____________________ 청소를 할까요?

3. 《보기》와 같이 대화를 완성하세요.

《보기》
과일을 사고 싶어요.
: 어디로 과일을 사러 갈까요 ?
: 시장이 싸니까 시장으로 가요 .

1) 옷을 사고 싶어요.
: ________________________ ?
: ________________________ .

2) 휴대폰을 사고 싶어요.
: ________________________ ?
: ________________________ .

3) 한국 음식을 먹고 싶어요.
: ________________________ ?
: ________________________ .

4) 데이트를 하고 싶어요.
: ________________________ ?
: ________________________ .

4. 그림을 보고 《보기》와 같이 대화를 완성하세요.

《보기》
가 : 실례합니다.
은행이 어디에 있습니까?
나 : 사거리에서 왼쪽으로 가세요.
병원 옆에 은행이 있어요.
4시에 문을 닫으니까 빨리 가세요.

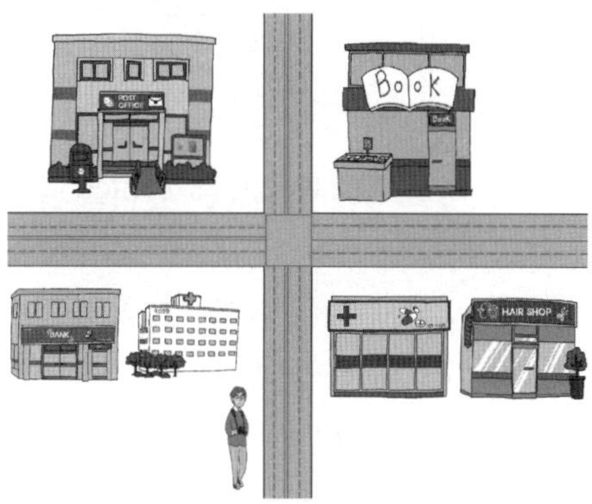

가 : 실례합니다. (미용실) ________________________ ?

나 : ________________________ .

________________________ .

(손님이 많다 / 예약을 하다) ________________________ .

31과 버스로 30분쯤 걸려요

어휘

1. 관계있는 것을 연결하세요.

1) 	•	• ㉠ 공항
2) 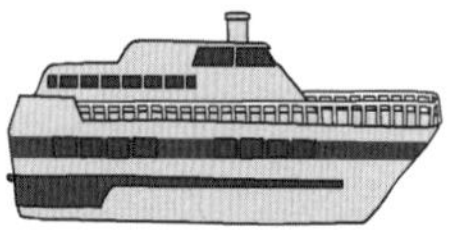	•	• ㉡ 버스 정류장
3) 	•	• ㉢ 지하철역
4) 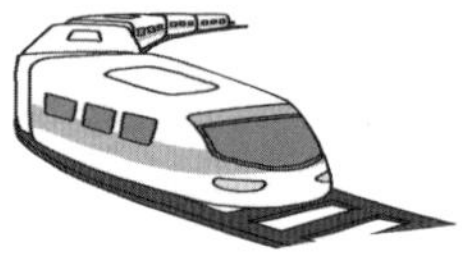	•	• ㉣ 기차역
5) 	•	• ㉤ 선착장

2. 《보기》에서 알맞은 단어를 골라 문장을 완성하세요.

> 《보기》 갈아타다 걸리다 초대장 출발 내리다

1) 학교에서 집까지 걸어서 20분이 ________________ .

2) 이번 주 금요일에 제 생일 파티가 있어요.
   그래서 친구들에게 생일 파티 ________을/를 줬어요.

3) 다음 버스 정류장에서 153번 버스로 ____________(으)세요.

4) 베이징으로 가는 비행기가 몇 시에 ________합니까?

5) 앞문으로 ________지 마세요. 뒷문으로 ____________(으)세요.

ㄷ 불규칙 동사

1. 다음 표를 완성하세요.

동사	-(스)ㅂ니다	-고	-아/어/여요	-(으)니까
걷다	걸습니다	걷고	걸어요	걸으니까
듣다				
묻다				
싣다				
※닫다				
※받다				

2. 다음 대화를 완성하세요.

1) **가 :** 그 사람이 무엇을 물었어요?
나 : ______________________________.
(전화번호를 묻다)

2) **가 :** 일기 예보를 듣고 싶어요.
나 : ______________________________(으)ㄹ 수 있어요.
(라디오에서 듣다)

3) **가 :** 오늘 왜 기분이 나빠요?
나 : ____________________아/어/여서 ____________________.
(나쁜 이야기를 듣다)

4) **가 :** 장핑 씨, 감기에 걸렸어요?
나 : 네, 좀 추우니까 창문을 ____________________(으)ㄹ까요?

5) **가 :** 이번 생일에 무슨 선물을 받고 싶어요?
나 : ______________________________.

(으)로2

1. 그림을 보고 《보기》와 같이 문장을 완성하세요.

《보기》

가 : 학교에서 길음역까지 어떻게 가요?

나 : 버스로 가요.

1) 가 : 한국에 어떻게 왔어요?

나 : ______________________.

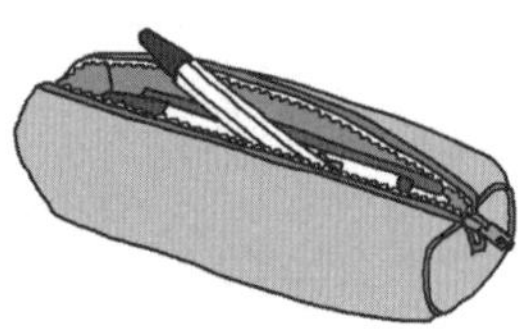

2) 가 : 무엇으로 이름을 써요?

나 : ______________________.

3) 가 : 수업 시간에 어느 나라 말로 이야기해요?

나 : ______________________.

4) 가 : 이 의자는 무엇으로 만들었어요?

나 : ______________________.

5) 가 : 무엇으로 만든 주스예요?

나 : ______________________.

에서 ~까지

1. 그림을 보고 《보기》와 같이 대화를 완성하세요.

《보기》

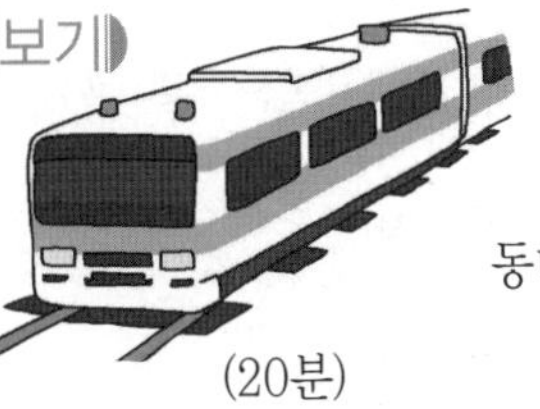

길음역 ↓ 동대문 시장

(20분)

가 : 길음역에서 동대문 시장까지 어떻게 가요 ?

나 : 지하철을 타고 가세요 .

가 : 얼마나 걸려요 ?

나 : 20분쯤 걸려요 .

서울 ↓ 제주도

(1시간)

1) 가 : ________________________ ?

나 : ________________________ .

가 : ________________________ ?

나 : ________________________ .

국민대학교 ↓ 서울역

(30분)

2) 가 : ________________________ ?

나 : ________________________ .

가 : ________________________ ?

나 : ________________________ .

서울역 ↓ 부산역

(2시간 30분)

3) 가 : ________________________ ?

나 : ________________________ .

가 : ________________________ ?

나 : ________________________ .

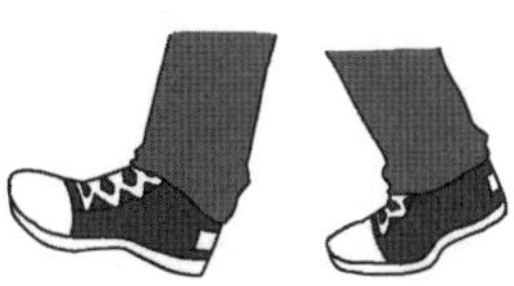

학교 ↓ 공원

(15분)

4) 가 : ________________________ ?

나 : ________________________ .

가 : ________________________ ?

나 : ________________________ .

국민대학교 ↓ 경복궁

(20분)

6) 가 : ________________________ ?

나 : ________________________ .

가 : ________________________ ?

나 : ________________________ .

2. 다음 질문에 대한 대답을 보고 글을 완성하세요.

질문	대답
어느 나라에 가고 싶어요?	프랑스
왜 그 나라에 가고 싶어요?	루브르박물관을 구경하다
집에서 공항까지 어떻게 가요?	공항버스
공항에서 그 나라까지 어떻게 가요?	비행기
시간이 얼마나 걸려요?	11시간

저는 프랑스에 가고 싶어요.

프랑스에 있는 ____________________고 싶어요 .

__________에서 __________까지 공항버스를 타고 갈 거예요.

공항에서 __________까지 ______________(으)로 갈 거예요.

_______________쯤 걸려요. 멀지만 꼭 가고 싶어요.

3. 위와 같이 가고 싶은 나라에 가는 방법을 쓰세요.

____

____

____

____

____

____

32과 삼각지역에서 내려서 6호선으로 갈아타세요

어휘

1. 반대말을 연결하세요.

1) 모르다 •	• 배가 부르다
2) 타다 •	• 알다
3) 올라가다 •	• 내리다
4) 빠르다 •	• 내려가다
5) 배가 고프다 •	• 느리다

2. 《보기》에서 알맞은 단어를 골라 문장을 완성하세요.

《보기》 빠르다 다르다 이해하다 비밀번호 이따가

1) 영어와 한국어가 너무 ________(스)ㅂ니다. 그래서 미국 사람에게 한국말이 어렵습니다.
2) 저는 중국말을 몰라요. 중국말을 ________(으)ㄹ 수 없어요.
3) 지금은 배가 고프지 않아요. ________ 저녁을 먹을 거예요.
4) 지하철은 버스보다 ________아/어/여서 좋아요.
5) 은행에서 돈을 찾고 싶어요. 그런데 ________을/를 모르겠어요.

르 불규칙 동사/형용사

1. 다음 표를 완성하세요.

동사/형용사	-(스)ㅂ니다	-아/어/여요	-(으)니까	-(으)ㄴ/는
고르다	고릅니다	골라요	고르니까	고르는
자르다				
부르다				
모르다				
다르다				
빠르다				

2. 《보기》와 같이 대화를 완성하세요.

《보기》 **가 :** 한국 문화와 일본 문화가 많이 다릅니까?
나 : 네, 많이 달라요.

1) **가 :** 어디에서 머리를 자릅니까?
나 : ______________________________.

2) **가 :** 한국의 대통령 이름을 압니까?
나 : 아니요, ______________________________.

3) **가 :** 보통 어디에서 노래를 부릅니까?
나 : ______________________________.

4) **가 :** (   ) 씨 나라에서 생일에 먹는 음식이 한국 음식하고 같습니까?
나 : 아니요, ______________________________.

-아/어/여서[2]

1. 다음 그림을 보고 《보기》와 같이 문장을 완성하세요.

《보기》

아침에 일어나서 우유를 마셨어요.

1)  ____________________.

2)  ____________________.

3)  ____________________.

4)  ____________________.

5) 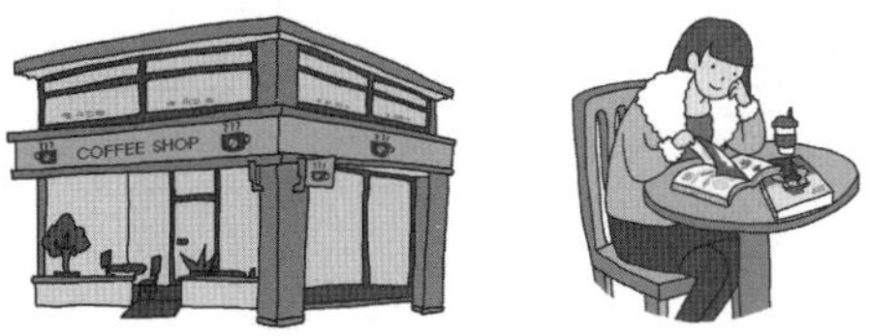

____________________.

2. 관계있는 것을 연결하고 《보기》와 같이 문장을 완성하세요.

《보기》 생일 카드를 써요. •	• 신문을 읽었어요.
1) DVD를 빌려요. •	• 친구에게 주고 싶어요.
2) 사과를 씻었어요. •	• 친구하고 같이 먹었어요.
3) 아침에 일어났어요. •	• 같이 볼까요?
4) 은행에서 돈을 찾을 거예요. •	• 쇼핑을 할 거예요.

《보기》 생일 카드를 써서 친구에게 주고 싶어요.

1) ____ .

2) ____ .

3) ____ .

4) ____ .

3. 다음 장소에 가려고 합니다. 어떻게 갈까요? 설명해 보세요.

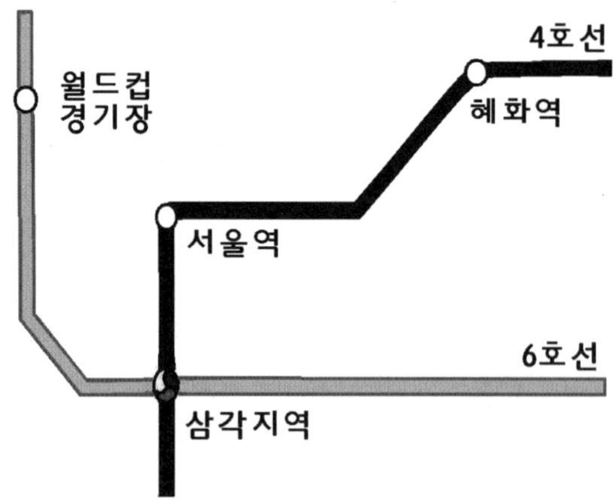

가 : 혜화에서 월드컵경기장까지 어떻게 가요?
길을 잘 몰라요.

나 : 혜화역에서 ____________호선을 타고 ____________________(으)세요.
____(으)세요.
지하철 ____호선 ______________________________(으)세요.

33과 예약할 수 없으면 어떻게 해요?

어휘

1. 《보기》에서 알맞은 단어를 골라 문장을 완성하세요.

《보기》 되다 스트레스 생기다 예약하다 걱정하다

1) 기숙사 옆방 친구들이 너무 시끄러워서 제가 ____________을/를 받아요.

2) 방학에 고향에 가는 학생들이 많으니까 비행기 표를 빨리 ____________(으)세요.

3) 이번 시험은 별로 어렵지 않으니까 ____________지 마세요.

4) 열심히 공부해서 내년에 꼭 대학생이 ____________(으)ㄹ 거예요.

5) 여자 친구가 ____________(으)면 여자 친구와 같이 바다로 여행을 가고 싶어요.

2. 《보기》에서 알맞은 단어를 골라 문장을 완성하세요.

《보기》 성함 잠시만 여행사 여권 어떻게 되다

1) 실례지만 전화번호가 ____________(으)세요?

2) 지금은 회의 중이니까 여기에 앉아서 ____________ 기다리세요.

3) 제 친구는 여행을 좋아해서 ____________에서 일하고 싶어 해요.

4) 다른 나라를 여행하고 싶으면 ____________이/가 필요합니다.

5) **가** : 손님, ____________을/를 말씀해 주세요.

나 : 제 이름은 김윤아예요.

-(으)면

1. 관계있는 것을 연결하고 《보기》와 같이 문장을 완성하세요.

《보기》 제주도에 가다 •		• 백화점에서 그 옷을 살 거예요.
1) 시간이 있다 •		• 드시지 마세요.
2) 세일을 하다 •		• 말을 탈 거예요.
3) 김치가 너무 맵다 •		• 우리 집에 놀러 오세요.
4) 고향에 가다 •		• 선생님께 이메일을 보낼 거예요.

《보기》 제주도에 가면 말을 탈 거예요 .

1) ______________________________ .

2) ______________________________ .

3) ______________________________ .

4) ______________________________ .

2. 《보기》와 같이 대화를 완성하세요.

《보기》 **가 :** 사전이 없으면 어떻게 해요?
나 : 사전이 없으면 친구에게 빌려요 .

1) **가 :** 주말에 시간이 있으면 뭘 해요?
나 : ______________________________ .

2) **가 :** 용돈이 없으면 어떻게 해요?
나 : ______________________________ .

3) **가 :** 한국 생활이 힘들면 어떻게 해요?
나 : ______________________________ .

4) **가 :** 고향 친구가 서울에 오면 어디에 갈 거예요?

나 : ____.

5) **가 :** 부산에 여행을 가면 무엇을 하고 싶어요?

나 : ____.

6) **가 :** 결혼을 하면 어디에서 살고 싶어요?

나 : ____.

–(으)ㄹ

1. 다음 표를 완성하세요.

동사	–(으)ㄹ	동사	–(으)ㄹ
가다	갈	먹다	먹을
자다		읽다	
보다		살다	
내리다		알다	
쉬다		만들다	
마시다		열다	
자르다		걷다	
부르다		듣다	

2. 《보기》와 같이 문장을 완성하세요.

《보기》 주말에 음식을 만들 거예요. <u>그 음식</u>은 불고기예요.
→ <u>주말에 만들 음식은 불고기예요</u> .

1) 일요일에 친구를 만날 거예요. <u>그 친구</u>는 한국대학교 학생이에요.

→ ____________________ 한국대학교 학생이에요.

2) 주말에 영화를 볼 거예요. <u>그 영화</u>는 공포 영화예요.

→ ____________________ 공포 영화예요.

3) 주말에 공원에 갈 거예요. <u>그 공원</u>에서는 자전거를 탈 수 있어요.

→ ____ .

4) 남자 친구에게 선물을 줄 거예요. <u>그 선물</u>은 시계예요.

→ ____ .

5) 다음 주에 아파트로 이사할 거예요. <u>그 아파트</u>는 학교에서 가깝지 않아요.

→ ____ .

6) 내일 문법을 배울 거예요. <u>그 문법</u>이 어려워요.

→ ____ .

3. 다음 메모를 보고 《보기》와 같이 문장을 완성하세요.

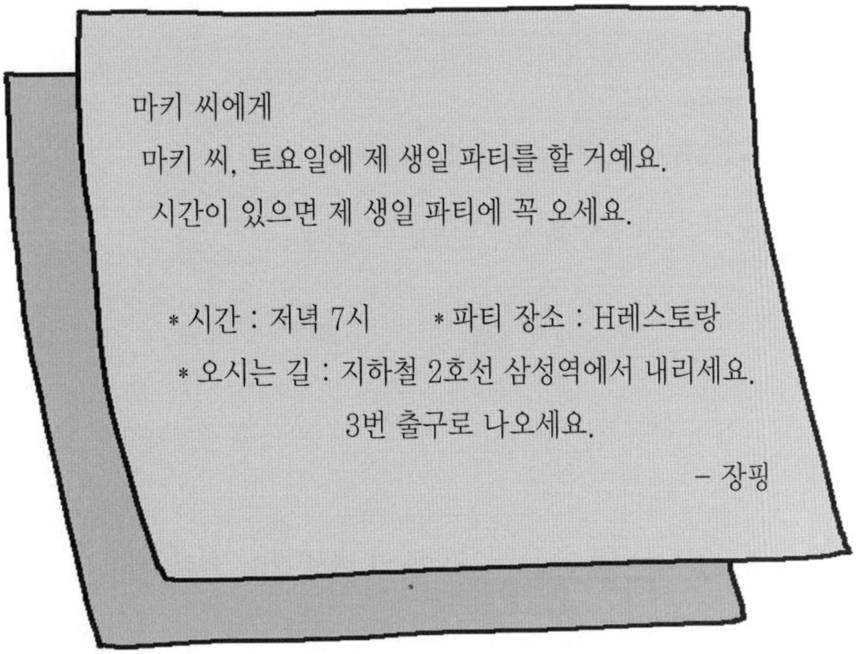

마키 씨에게

마키 씨, 토요일에 제 생일 파티를 할 거예요.
시간이 있으면 제 생일 파티에 꼭 오세요.

* 시간 : 저녁 7시 * 파티 장소 : H레스토랑
* 오시는 길 : 지하철 2호선 삼성역에서 내리세요.
3번 출구로 나오세요.

– 장핑

《보기》 마키 씨가 토요일에 만날 사람은 장핑 씨예요.

1) 마키 씨가 장핑 씨를 ____________ 시간은 저녁 7시예요.

2) 장핑 씨가 ____________(으)ㄹ ________은/는 H레스토랑이에요.

3) 마키 씨가 ____________(으)ㄹ ________은/는 삼성역이에요.

4) 마키 씨가 ________________________.

34과 집에서 쉬거나 친구를 만나요

어휘

1. 《보기》에서 알맞은 단어를 골라 문장을 완성하세요.

《보기》 집안일 졸리다 특히 보내다

1) 저는 운동 중에서 __________________ 수영을 좋아해요.

2) 커피를 많이 마셔서 ________________________지 않아요.

3) 요즘 __________________을/를 안 해서 청소, 빨래, 설거지가 많이 있어요.

4) 엄마가 __________________(으)신 편지가 오늘 도착했어요.

2. 《보기》에서 알맞은 단어를 골라 대화를 완성하세요.

《보기》 항상 자주 가끔 별로 전혀

1) **가 :** 텔레비전을 자주 보세요?

   나 : 네, 집에 가면 __________ 봐요. 날마다 텔레비전을 보고 숙제를 해요.

2) **가 :** 매운 음식을 좋아하세요?

   나 : 아니요, 가끔 먹지만 __________ 안 좋아해요.

3) **가 :** 등산을 자주 하세요?

   나 : 등산을 아주 싫어해요. __________ 안 해요.

-거나

1. 《보기》와 같이 문장을 완성하세요.

> 《보기》 밥을 먹거나 빵을 먹어요.
> (먹다)

1) 친구를 ______________________ 집에서 쉬어요.
(만나다)

2) TV를 ______________________ 신문을 봐요.
(보다)

3) 책을 ______________________ 잠을 자요.
(읽다)

4) ______________________ 청소를 해요.
(빨래를 하다)

5) ______________________ 설거지를 해요.
(음식을 만들다)

6) ______________________ 쇼핑을 해요.
(집에서 쉬다)

2. 《보기》와 같이 대화를 완성하세요.

> 《보기》 **가 :** 주말에 뭘 하세요?
> **나 :** 집에서 쉬거나 친구를 만나요.

1) **가 :** 친구를 만나면 뭘 해요?
나 : ______________________________ .

2) **가 :** 방학 때 보통 뭘 했어요?
나 : ______________________________ .

3) **가 :** 고향에 돌아가면 뭘 할 거예요?

나 : ______________________________.

4) **가 :** 고향에 있는 친구에게 어떻게 연락을 해요?

나 : ______________________________.

5) **가 :** 심심해요. 뭘 할까요?

나 : ______________________________.

(이)나

1. 맞는 것을 고르세요.

1) 아침에 빵(나, 이나) 밥을 먹어요.

2) 야구(나, 이나) 축구를 하고 싶어요.

3) 지하철(나, 이나) 버스를 타세요.

4) 케이팝(K-POP)(나, 이나) 재즈 음악을 자주 들어요.

5) 떡볶이(나, 이나) 김밥을 먹을까요?

6) 친구에게 화장품(나, 이나) 향수를 선물하고 싶어요.

2. 〈보기〉와 같이 대화를 완성하세요.

〈보기〉 **가 :** 점심에 보통 뭘 먹어요?

나 : 김밥이나 샌드위치를 먹어요.

1) **가 :** 아버지 생신에 보통 무슨 선물을 드려요?

나 : ______________________________.

2) **가 :** 다른 사람 집에 초대를 받으면 무엇을 가지고 갈 거예요?

나 : ______________________________.

3) **가** : 날씨가 좋으면 어디에 가요?
나 : ____.

4) **가** : 노래방에 가면 무슨 노래를 자주 불러요?
나 : ____.

5) **가** : 간식으로 무엇을 자주 먹어요?
나 : ____.

3. 다음 대화를 완성하세요.

가 : ________ 씨, 주말에 같이 영화를 볼까요?
나 : 좋아요. 무슨 영화를 좋아해요?
가 : 저는 ______(이)나 ______을/를 좋아해요. __________ 씨는요?
나 : 저도 비슷해요. 요즘 극장에서 '__________'을/를 하고 있어요.
그 영화 어때요?
가 : 재미있겠네요. 그 영화를 봐요.

(영화 관람 후)
가 : 영화 어땠어요?
나 : 재미있었어요. ________ 씨는 영화를 자주 보세요?
가 : 네, 자주 봐요. ________ 씨는 주말에 뭘 하세요?
나 : 저는 ____________거나 ______________.
가 : 그래요? 그럼 다음에는 같이 ______________.

35과 운동하는 것을 좋아하세요?

어휘

1. 관계 있는 것을 연결하세요.

1) 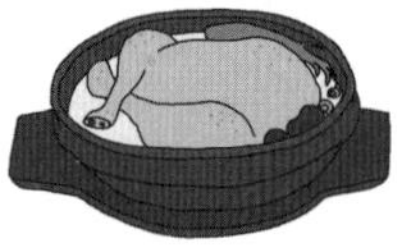 •   • 태권도

2)  •   • 찜질방

3)  •   • 삼계탕

4)  •   • 한복

2. 《보기》에서 알맞은 단어를 골라 문장을 완성하세요.

《보기》	떠나다	설명하다	고민	상

1) 날씨가 좋으니까 가까운 곳으로 여행을 ____________(으)ㄹ까요?

2) 간토야 씨는 시험 점수가 좋아요. 그래서 선생님께서 간토야 씨에게 _____을/를 줬어요.

3) 이 문법을 모르겠어요? 다시 ______________(으)ㄹ까요?

4) 요즘 밤에 잠을 못 자서 ______________예요/이에요.

-는 것

1. 《보기》에서 알맞은 동사를 골라 문장을 완성하세요.

《보기》 하다 보다 만들다 읽다 입다 모르다

1) 날마다 운동을 하는 것은 어렵습니다.

2) 아이들이 혼자 옷을 ______________은 쉽지 않아요.

3) 매일 저녁 음식을 ______________이 재미있어요.

4) 영화관에서 영화를 ______________이 집에서 ______________보다 더 재미있어요.

5) 한국 소설을 ______________은 아직 어려워요.

6) 한국어 문법 중에서 아직 ______________이 많이 있어요.

2. 《보기》와 같이 문장을 완성하세요.

《보기》 저는 노래를 부르는 것보다 춤추는 것을 더 좋아해요.

1) 저는 게임을 ______________보다 ______________을/를 더 좋아해요.

2) 제 동생은 음악을 ______________보다 ______________을/를 더 좋아해요.

3) 청소를 ______________보다 ______________이/가 더 힘들어요.

4) 비타민을 ______________보다 ______________이/가 건강에 더 좋아요.

5) 명동에서 ______________보다 ______________이/가 더 재미있어요.

-아/어/여 보다

1. 《보기》와 같이 문장을 완성하세요.

《보기》 놀이공원에 가 봤어요?

1) 전에 이 음료수를 ______________ 봤어요.
(마시다)

2) 한국에서 혼자 ______________ 봤어요?
(여행하다)

3) 노래방에서 한국 노래를 ______________ 봤어요?
(부르다)

4) 이 음악을 ______________ 봤어요?
(듣다)

5) 스키를 ______________ 봤어요.
(안 타다)

2. 다음 대화를 완성하세요.

1) **가** : 제가 열쇠를 잃어버렸어요.
나 : 그래요? 교실에서 잘 ______________ 보세요.

2) **가** : 도서관이 오늘 문을 열어요?
나 : 모르겠어요. 도서관에 한번 ______________.

3) **가 :** 떡볶이를 만들어 봤어요?
나 : ____.

4) **가 :** 김치박물관에 가 보셨어요?
나 : ____.

5) **가 :** 지금까지 어떤 아르바이트를 해 봤어요?
나 : ____.

3. 다음 대화를 완성하세요.

가 : __________ 씨, __________________는 것을 좋아하세요?
나 : 네, 시간이 있으면 자주 ____________________아/어/여요.
가 : 그래요? 저도 ____________________는 것을 좋아해요.
그럼 __________에(서) ________________아/어/여 보셨어요?
나 : 아니요, ________________________________.
가 : 그럼 거기에(서) ______________ 보세요. 아주 ______________.
나 : 알겠어요. 고마워요.

36과 저녁은 제가 살게요

어휘

1. 반대말을 연결하세요.

1) 시끄럽다 •	• 늦게
2) 열다 •	• 조용하다
3) 밝다 •	• 닫다
4) 진짜 •	• 어둡다
5) 일찍 •	• 가짜

2. 《보기》에서 알맞은 단어를 골라 문장을 완성하세요.

《보기》			
	통화하다	지각하다	놀이공원
	무섭다	아까	축제

1) 내일은 일찍 오세요. ______________________지 마세요.

2) 지난 주말에 _____________________에 가서 놀이 기구를 타고 놀았어요.

3) 공포 영화는 _____________________아/어/여서 보고 싶지 않아요.

4) ____________________ 교실에 온 사람이 누구예요?

5) 지금은 바쁘니까 나중에 _____________(으)ㄹ까요? 제가 다시 전화하겠습니다.

6) 다음 주부터 학교에서 봄 __________________을/를 시작해요. 같이 가서 구경해요.

-(으)ㄴ/는데요

1. 다음 표를 완성하세요.

동사	-는데요	-았/었/였는데요	-(으)ㄹ 건데요
가다			갈 건데요
먹다		먹었는데요	
찍다			
듣다			
살다			

형용사	-(으)ㄴ데요	명사	인데요
크다		의사	
좋다		학생	
덥다		사전	
재미있다		아니다	

2. 《보기》에서 알맞은 것을 골라 대화를 완성하세요.

《보기》 시험 기간이다　없다　운전 중이다　보다　약속이 있다

1) **가 :** 내일 남산에 갈까요?
   나 : 미안해요. 저는 내일 약속이 있는데요.
2) **가 :** 사전을 안 가져왔어요. 혹시 사전 있어요?
   나 : 미안해요. 저도 사전이 ________________.
3) **가 :** 저녁에 같이 산책을 할까요?
   나 : 미안해요. 내일부터 ________________.
4) **가 :** 내일 영화 '주말 공주'를 볼까요?
   나 : 그 영화는 벌써 ________________.
5) **가 :** 여보세요. 지금 통화할 수 있어요?
   나 : 죄송합니다. 지금은 ________________.

-(으)ㄹ게요

1. 다음 표를 완성하세요.

동사	-(으)ㄹ게요
가다	갈게요
마시다	
부르다	
연락하다	
먹다	
앉다	
돕다	
듣다	
만들다	

2. 《보기》와 같이 대화를 완성하세요.

《보기》 **가** : 왜 오늘도 늦게 왔어요?
나 : 미안해요. 내일은 일찍 올게요 .

1) **가** : 지금 전화할 수 있어요?
나 : 미안해요. 이따가 제가 ________________________ .

2) **가** : 이리나 씨, 수업 중에 음식을 먹지 마세요.
나 : 죄송해요. 쉬는 시간에 ________________________ .

3) **가** : 오늘은 제 생일이니까 제가 저녁을 ________________ .
나 : 감사합니다.

4) **가** : 교실이 너무 더워요.
나 : 제가 창문을 ________________________ .

5) **가** : 이 책을 누가 읽어 볼까요?
나 : 제가 ________________________ .

3. 다음 대화를 완성하세요.

장핑 : 여보세요. 마키 씨, 저 장핑이에요. 지금 통화할 수 있어요?

마키 : 미안해요. 지금은 ____________________(으)ㄴ/는데요.

장핑 : 그래요? 그럼 제가 이따가 다시 __________________(으)ㄹ게요.

(1시간 후)

마키 : 여보세요.

장핑 : 마키 씨, 지금은 통화할 수 있어요?

마키 : 네, 말씀하세요. 무슨 일 있어요?

장핑 : 내일 알렉세이 씨 생일 파티가 있어요. 그래서 준비할 게 좀 있어요.

마키 : 제가 뭘 준비할까요?

장핑 : 마키 씨, 음료수하고 접시를 준비할 수 있어요?

마키 : 접시는 집에 _______________(으)ㄴ/는데요. 하지만 음료수는 가지고 갈 수 있어요.

장핑 : 그럼 음료수만 사 오세요. 접시는 제가 _________________(으)ㄹ게요.

마키 : 다른 건 없어요?

장핑 : 제가 이리나 씨하고 압둘라 씨 전화번호를 몰라요. 마키 씨는 알아요?

마키 : 네, 제가 알아요. 제가 ____________________________(으)ㄹ게요.

장핑 : 좋아요. 그럼 내일 만나요. 알렉세이 씨한테는 비밀이에요.

마키 : 알겠어요. 내일 봐요.

37과 공항에 가야 해요

어휘

1. 《보기》에서 알맞은 단어를 골라 쓰세요.

《보기》	포장하다	고장 나다	연락하다	안내하다
	다치다	돌아가시다	취소하다	끄다
	부탁하다	바꾸다		

1) 갑자기 급한 일이 생겨서 약속을 ______________아/어/여야 해요.

2) 고향에 계신 할아버지가 ______________아/어/여서 고향에 가야 해요.

3) 혼자 하는 것이 힘들면 친구에게 ______________(으)세요.

4) 이 학교를 잘 모르니까 좀 ______________아/어/여 주세요.

5) 이 옷이 너무 커서 작은 옷으로 ______________고 싶어요.

6) 고향에 있는 친구하고 이메일로 ______________아/어/여요.

7) ______________(으)ㄴ 사람이 있어요. 119에 전화해 주세요.

8) 컴퓨터가 ______________아/어/여서 이메일을 보낼 수 없어요.

9) 수업 후에 교실 불을 ______________고 나가세요.

10) 이 옷을 친구에게 선물할 거예요. 그러니까 이 옷을 ____________아/어/여 주세요.

-아/어/여 주세요

1. 다음 표를 완성하세요.

동사	-아/어/여 주세요
가다	가 주세요
보내다	
연락하다	
앉다	
찍다	
만들다	
돕다	
듣다	
부르다	

2. 《보기》와 같이 대화를 완성하세요.

《보기》 **가 :** 죄송하지만 사진 좀 찍어 주세요 .
나 : 네. 찍어 드릴게요.

1) **택시 기사 :** 어디 가십니까?
손님 : 경복궁역으로 ______________________ .

2) **은행 직원 :** 무엇을 도와 드릴까요?
손님 : 이 돈을 한국 돈으로 ______________________ .

3) **가 :** 무슨 일이에요?
나 : 교통 사고가 났어요. 빨리 경찰을 ______________________ .

4) **햄버거 가게 점원 :** 여기에서 드실 거예요?
손님 : 아니요. 집에 가서 먹을 거니까 ______________________ .

5) **손님 :** 사고 싶은 책을 못 찾겠어요. 좀 ______________________ .
직원 : 알겠습니다. 여기에서 잠깐만 ______________________ .

-아/어/여야 하다

1. 다음 표를 완성하세요.

동사/형용사	-아/어/여야 해요
가다	
먹다	
입다	입어야 해요
공부하다	
만들다	
듣다	
돕다	
부르다	
크다	
많다	
작다	

2. 《보기》와 같이 대화를 완성하세요.

《보기》 가 : 감기에 걸렸어요.
나 : 그래요? 그럼 많이 <u>쉬어야 해요</u>.

1) 가 : 오늘 같이 저녁을 먹을까요?
나 : 미안하지만 오늘은 숙제가 많아서 ________________.

2) 가 : 어디에 가세요?
나 : 백화점에 가요. 내일이 친구 생일이어서 ________________.

3) **가 :** 왜 오늘 만날 수 없어요?
   나 : 친구가 이사를 해서 ________________________________.

4) **가 :** 어떤 남자/여자와 결혼하고 싶어요?
   나 : 제가 결혼할 사람은 ________________________________.

5) **가 :** 이 방은 어떠세요?
   나 : 친구 세 명과 같이 살 거니까 방이 더 ________________________.

3. 다음 대화를 완성하세요.

가 : 어서 오세요.

나 : 친구 생일이어서 선물을 ____________아/어/여야 해요. 뭐가 좋을까요?

가 : 이 티셔츠 어때요? 색깔도 예쁘고 그림도 아주 귀여워요.

나 : 그림이 정말 귀엽네요. 하지만 제 친구는 키가 아주 크니까 이 티셔츠는
안 맞을 거예요. 좀 더 ____________________아/어/여야 해요.

가 : 큰 것도 있으니까 걱정하지 마세요.

나 : 그런데 가격은 얼마예요?

가 : 이만 칠천 원입니다.

나 : 좀 비싸네요. ____________________아/어/여 주세요.

가 : 그럼 이만 오천 원에 해 드릴게요.

나 : 고맙습니다. 그리고 선물이니까 ______________아/어/여 주세요.

가 : 알겠습니다. 잠깐만 기다리세요.

22-37과 종합문제

[1-3] 밑줄 친 것과 의미가 같은 것을 고르세요.

1. (   )

> 김치찌개와 비빔밥을 주문했어요.

① 먹었어요　② 썼어요　③ 연락했어요　④ 시켰어요

2. (   )

> 지금은 바쁘니까 조금 후에 다시 오세요.

① 좀 전에　② 자주　③ 이따가　④ 조용히

3. (   )

> 모르는 것이 있으면 선생님께 질문하세요.

① 물으세요　② 설명하세요　③ 대답하세요　④ 모르세요

[4-9] 다음 (   ) 안에 들어갈 알맞은 말을 고르세요.

4. (   )

> 우리 집은 학교 근처에 있습니다. 학교에서 (   ).

① 어렵습니다　② 가깝습니다　③ 멉니다　④ 삽니다

5. (   )

> 어제 아침 최저 기온은 8도이고 오늘 아침 최저 기온은 영하 10도입니다.
> 오늘은 어제보다 더 (   ).

① 맵습니다　② 덥습니다　③ 춥습니다　④ 시원합니다

6. (　　　　)

> 하늘에 구름이 없습니다. 아주 (　　　　　　).

① 흐립니다　② 맑습니다　③ 바람이 붑니다　④ 눈이 옵니다

7. (　　　　)

> 한국말을 잘하고 싶으면 지금보다 (　　　　　　) 열심히 공부하세요.

① 더　② 빨리　③ 잘　④ 가끔

8. (　　　　)

> 저는 (　　　　　　) 중에서 딸기를 제일 좋아해요.

① 과일　② 음악　③ 동물　④ 음식

9. (　　　　)

> **가 :** 무슨 (　　　　　　)을/를 좋아해요?
> **나 :** 꽃이 많이 피는 봄을 좋아해요.

① 계획　② 계절　③ 날씨　④ 취미

[10-11] 밑줄 친 말의 반대말을 고르세요.

10. (　　　　)

> 오늘 학교에 <u>일찍</u> 오지 않았어요. (　　　　　　) 왔어요.

① 먼저　② 잘　③ 매일　④ 늦게

11. (　　　　)

> 교실이 (　　　　　　). 더럽지 않습니다.

① 춥습니다　② 뜨겁습니다　③ 깨끗합니다　④ 시원합니다

[12-13] 다음 (   ) 안에 들어갈 알맞은 말을 고르세요.

12. (   )

1년 전에는 한국말을 할 수 없었습니다.
(   ) 지금은 한국말을 할 수 있습니다.

① 그리고 ② 그래서 ③ 그렇지만 ④ 그럼

13. (   )

가 : (   ) 사람을 좋아해요?
나 : 착하고 똑똑한 사람을 좋아해요.

① 무슨 ② 왜 ③ 누구 ④ 어떤

[14-16] 다음 (   ) 안에 들어갈 알맞은 말을 고르세요.

14. (   )

길이 막히니까 지하철(   ) 갑시다.

① 을 ② 에 ③ 으로 ④ 로

15. (   )

학교에서 공항(   ) 멀어요?

① 부터 ② 까지 ③ 보다 ④ 에게

16. (   )

저는 등산을 좋아해요. 그래서 산에 (   ) 가요.

① 자주 ② 전혀 ③ 아주 ④ 거의

[17-20] 다음 ( ) 안에 들어갈 알맞은 말을 고르세요.

17. ( )

어제 많이 ( ) 다리가 너무 아파요.

① 걷어서 ② 걸어서 ③ 걷고 ④ 걸고

18. ( )

저는 도시에서 ( ) 것이 좋아요.

① 사는 ② 사은 ③ 살는 ④ 살은

19. ( )

선생님 전화번호를 ( ) 다른 친구에게 물어봤어요.

① 몰아서 ② 모라니까 ③ 몰라서 ④ 몰라니까

20. ( )

겨울에는 날씨가 ( ).

① 추웁니다 ② 춥니다 ③ 춥어요 ④ 추워요

[21-23] 두 문장을 바르게 연결한 것을 고르세요.

21. ( )

시장에 갑니다. 과일을 삽니다.

① 시장에 가고 과일을 삽니다.
② 시장에 가서 과일을 삽니다.
③ 시장에 가지만 과일을 삽니다.
④ 시장에 가지 말고 과일을 삽니다.

22. (　　　　)

아기가 잡니다. 조용히 하세요.

① 아기가 자거나 조용히 하세요.
② 아기가 자지만 조용히 하세요.
③ 아기가 자서 조용히 하세요.
④ 아기가 자니까 조용히 하세요.

23. (　　　　)

기숙사가 가깝습니다. 깨끗합니다.

① 기숙사가 가깝지만 깨끗합니다.
② 기숙사가 가까워서 깨끗합니다.
③ 기숙사가 가깝고 깨끗합니다.
④ 기숙사가 가까우면 깨끗합니다.

[24-28] 밑줄 친 부분에 알맞은 것을 고르세요.

24. (　　　　)

가 : 이 식당 삼계탕이 맛있어요?
나 : 네. 정말 맛있어요. 꼭 한번 ________________.

① 드셨어요　　② 드셔 보세요
③ 드시지 마세요　　④ 드실 수 있어요

25. (　　　　)

가 : 교실이 좀 더워요. 창문을 열까요?
나 : ________________________.

① 네, 여네요　　② 네, 여세요
③ 아니요, 열고 싶어요　　④ 아니요, 여는데요

26. (　　　　)

가 : 내일 만날 수 있어요?
나 : 미안해요. ____________________.

① 만나 봤는데요　　② 기다릴게요
③ 다른 약속이 있는데요　　④ 만나야 해요

27. (　　　　)

가 : 누가 이리나 씨에게 전화할 거예요?
나 : ____________________.

① 제가 전화하지 마세요　　② 제가 전화할게요
③ 지훈 씨가 전화 안 해요　　④ 지훈 씨가 전화할게요

28. (　　　　)

선생님, 이 단어를 모르겠어요. 좀 ____________________.

① 알아요　　② 알아 주세요
③ 가르쳐 주세요　　④ 가르치세요

[29-32] 《보기》와 같이 밑줄 친 부분이 틀린 것을 고르세요.

《보기》 (　3　) ① 학교에 가요.
② 돈이 없어요.
❸ 한국 친구를 있어요.
④ 그 가방이 비싸요.

29. (　　　　)

① 버스를 타고 학교에 갔어요.
② 밥을 먹은 후에 이를 닦아요.
③ 주말에 시간이 있으면 영화를 볼까요?
④ 저는 심심할 때 책거나 신문을 읽어요.

30. (　　　　)

① 오늘 날씨가 더워요.
② 경치가 참 아름답네요.
③ 저는 매운 음식을 좋아해요.
④ 이번 시험은 아주 어렵었어요.

31. (　　　　)

① 지금 사는 곳이 어디예요?
② 저는 달은 음식을 좋아하지 않아요.
③ 겨울에 입을 옷을 사러 갈 거예요.
④ 주말에 먹은 한국 음식이 정말 맛있었어요.

32. (　　　　)

① 등산이 힘들었지만 재미있었어요.
② 저는 시간이 있으면 영화를 봐요.
③ 비가 왔어서 바다에 가지 않았어요.
④ 시장에서 빵을 사서 샌드위치를 만들 거예요.

[33-34] 다음 (　　) 안에 쓸 수 없는 것을 고르세요.

33. (　　　　)

가 : 간토야 씨, 몇 시에 우리 집에 올 거예요?
나 : (　　　　　　　　　　　　　　　　).

① 5시 반쯤 갈게요　② 5시 반쯤 가겠어요
③ 5시 반쯤 가 보세요　④ 5시 반쯤 갈 거예요

34. (　　　　)

가 : 내일 이리나 씨 생일이에요. 무엇을 준비할까요?
나 : 저는 케이크를 (　　　　　　　　).

① 만들어 주세요　② 만들려고 해요　③ 만들 거예요　④ 만들겠어요

[35-36] 다음 대화를 읽고 물음에 답하세요.

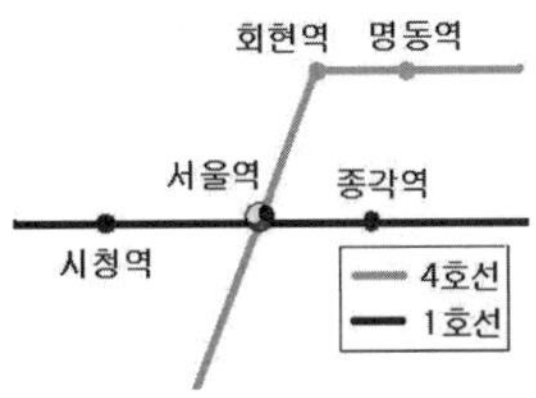

가 : 시청역에 (㉠) 가요?
나 : 명동역에서 지하철 4호선을 타고 서울역에서 내리세요.
서울역에서 (㉡) 지하철 1호선으로 갈아타세요.
가 : 네, 고마워요.

35. ㉠에 들어갈 알맞은 말을 고르세요. (   )

① 어디에 ② 무엇을 ③ 얼마나 ④ 어떻게

36. ㉡에 들어갈 알맞은 말을 고르세요. (   )

① 내려서 ② 내리고 ③ 내리거나 ④ 내리지만

37. 그림을 보고 ( ) 안에 알맞은 말을 쓰세요.

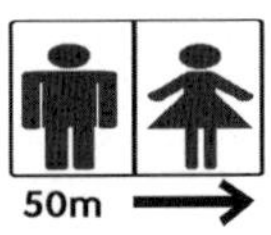

가 : 화장실이 어디에 있어요?
나 : (   ) 가세요.

① 오른쪽으로 ② 왼쪽으로 ③ 위로 ④ 아래로

38. 다음 그림과 의미가 같은 것을 고르세요.

① 여기에 담배를 넣지 마세요.
② 여기에 담배를 넣을 수 없어요.
③ 여기에서 담배를 피우지 마세요.
④ 여기에서 담배를 피울 수 있어요.

[39-40] 다음 글을 읽고 물음에 답하세요.

오늘 오후에 여자 친구를 만나러 갔습니다.
그런데 길에 차가 많아서 좀 늦었습니다.
유명한 영화배우가 영화를 찍고 있어서 길이 (㉠).
그 영화배우는 요즘 텔레비전에 자주 (㉡).
제 여자 친구가 좋아하는 배우입니다. 그래서 늦었지만 그 영화배우의 사진을 찍었습니다.

39. ㉠에 들어갈 알맞은 말을 고르세요. (　　　)

① 좁았습니다　② 기다렸습니다　③ 막혔습니다　④ 느렸습니다

40. ㉡에 들어갈 알맞은 말을 고르세요. (　　　)

① 나옵니다　② 다녀옵니다　③ 떠납니다　④ 기댑니다

41. 다음 시간표를 보고 내용이 같은 것을 고르세요. (　　　)

시간	활동
7:00~8:00	세수, 아침 식사
9:00~11:00	한국어 수업
11:00~11:10	커피, 간식
14:00~16:00	태권도
18:00~19:00	숙제
19:00~20:00	저녁 식사
20:00~21:00	게임, 인터넷
21:00~21:30	운동
21:30~	잠

① 이 사람은 저녁 식사 전에 운동을 합니다.
② 이 사람은 아침에 일어나서 커피를 마십니다.
③ 이 사람은 아침 식사 후에 한국어를 배우러 갑니다.
④ 이 사람은 저녁 식사 후에 태권도를 배우러 갑니다.

[42-43] 다음 글을 읽고 물음에 답하세요.

저는 두 달 전에 한국어를 배우러 한국에 왔어요. 지금은 기숙사에서 ㉠살아요. 한국어는 재미있지만 문법이 좀 ㉡어려워요. 그래서 날마다 열심히 공부해요. 집에서 텔레비전도 보고 한국 음악도 ㉢들어요. 주말에는 친구들과 같이 노래방에 가서 한국노래도 ㉣부러요. 한국 생활이 재미있어요.

42. 위 글은 무엇에 대한 글입니까? (　　　)

① 한국어 공부　② 한국 생활　③ 취미　④ 한국 친구

43. 다음 중 틀린 것을 고르세요. (　　　)

① ㉠　② ㉡　③ ㉢　④ ㉣

44. 다음의 내용과 <u>다른</u> 것을 고르세요. (　　　)

〈서울의 날씨〉

오늘 오후	내일 오전	내일 오후	모레 오전

4℃	-6℃	1℃	-8℃

① 내일 오전은 내일 오후보다 더 추워요.
② 내일 오후에 날씨가 맑아질 거예요.
③ 오늘은 내일보다 더 추워요.
④ 모레 오전에 눈이 올 거예요.

45. 다음 내용과 <u>다른</u> 것을 고르세요. (　　　)

재미있는 요가 교실

㉠ 시 간: 오전 9:00~10:00 , 오후 2:00~3:00
㉡ 장 소: 국민스포츠센터
㉢ 수강료: 1주일에 2번 30,000원 , 1주일에 3번 50,000원
㉣ 친구와 함께 다니면 50,000원 → 45,000원

① ㉠ 오전과 오후에 요가를 배울 수 있습니다.
② ㉡ 국민스포츠센터에서 요가를 배울 수 있습니다.
③ ㉢ 화요일하고 목요일에 요가를 배우면 수강료가 30,000원입니다.
④ ㉣ 1주일에 3번 혼자 요가를 배우면 수강료가 45,000원입니다.

워크북 정답

5과

● 어휘

1.

회사원	선생님	미용사	운동선수
간호사	경찰관	변호사	통역사
의사	기자	가수	요리사

● 입니까?/입니다

1. 1) 요리사입니다 2) 선생님입니다 3) 학생입니다
4) 가수입니다 5) 기자입니다
2. 1) 네, 회사원입니다 2) 네, 의사입니다
3) 간호사입니까 / 네, 간호사입니다
4) 학생입니까 / 네, 학생입니다
5) 요리사입니까 / 네, 요리사입니다
3. 1) 한국 사람입니다 2) 베트남 사람입니다 3) 중국 사람입니다
4) 어느 나라 사람입니까 / 미국 사람입니다
5) 어느 나라 사람입니까 / 일본 사람입니다

● 은/는

1. 2) 는 3) 은 4) 은 5) 은
2. 1) 마이클은 2) 이지선은
3) 선생님은 한국 사람입니다 4) 알렉세이는 경찰관입니다
5) 왕쯔이는 의사입니다 6) 미나는 요리사입니다

6과

● 어휘

1. 2) 텔레비전 3) 에어컨 4) 창문 5) 달력
6) 지도 7) 휴지통 8) 의자 9) 책상
2. 2) 가방 3) 사전 4) 휴대 전화 5) 지갑
6) 컴퓨터 7) 공책

● 이/가

1. 2) 가 3) 이 4) 가 5) 이 6) 이
2. 1) 마이클입니다 / 운동선수입니다
2) 이리나입니다 / 통역사입니다
3) 제프리입니다 / 기자입니다
4) 이름이 무엇입니까 / 김윤아입니다 / 김윤아 씨 직업이 무엇입니까 / 학생입니다
5) 이름이 무엇입니까 / 투이입니다 / 투이 씨 직업이 무엇입니까 / 간호사입니다

● 이, 그, 저

1. 2) 그것 3) 이것 4) 그것 5) 저것 6) 이것
2. 1) 이것이 2) 그것이 3) 이것이 / 지갑입니다
4) 저것이 무엇입니까 / 텔레비전입니다
5) 그것이 무엇입니까 / 라디오입니다

7과

● 어휘

1. 카 메 라 | 안 경 | 휴 지

2. 볼펜 필통 지우개 수첩 연필

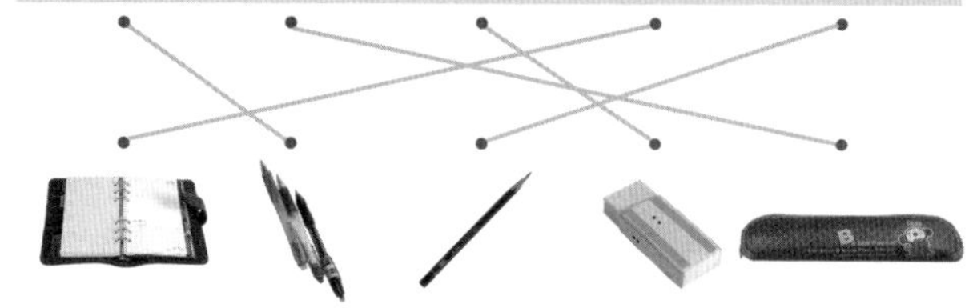

● 이에요/예요

1. 2) 이에요 3) 예요 4) 예요 5) 예요 6) 이에요
2. 1) 아니요, 가방이에요 2) 아니요, 휴대 전화예요
3) 네, 책이에요 4) 네, 연필이에요 5) 네, 전자사전이에요

● 이/가 아니에요

1. 1) 텔레비전이 아니에요 2) 휴대 전화가 아니에요
3) 수첩이 아니에요 4) 공책이 아니에요
5) 연필이 아니에요 / 볼펜이에요
2. 1) 폼펜이에요 / 일본 사람이 아니에요 / 태국 사람이에요
2) 톰이에요 / 미국 사람이 아니에요 / 캐나다 사람이에요
3) 제프리예요 / 경찰관이 아니에요 / 기자예요
4) 압둘라예요 / 회사원이 아니에요 / 운동선수예요
5) 제시카예요 / 남자가 아니에요 / 여자예요

8과

● 어휘

1. 커 피 숍 | 서 점 | 학 교 | 교 실

2. 휴게실 컴퓨터실 사무실

● 한자어 숫자, 단위 명사

1.

1	2	3	4	5	6	7	8	9	10
일	이	삼	사	오	육	칠	팔	구	십
11	12	13	14	15	16	17	18	19	20
십일	십이	십삼	십사	십오	십육	십칠	십팔	십구	이십
30	40	50	60	70	80	90	100	1,000	10,000
삼십	사십	오십	육십	칠십	팔십	구십	백	천	만

2. 1) 팔 2) 구 3) 십이 4) 십삼 5) 이십육
6) 삼십칠 7) 사십일
3. 층 | 번 | 호

● 번호 읽기

1. 1) 공일공 사육오구 이삼칠이 번이에요
2) 공이 구공이 공일일사 번이에요
3) 공이 구팔오 사일이팔 번이에요

4) 구일공사일이 육구공이일구팔 번이에요
5) 팔칠공일일팔 오이사육팔사오 번이에요

2. 1) 이십삼 번이에요 2) 사십오 번이에요
3) 번호가 몇 번이에요 / 백칠십팔 번이에요
4) 구백일 호예요 5) 사백십육 호예요
6) 컴퓨터실이 몇 호예요 / 칠백이십삼 호예요

● 에 있다/없다

1. 1) (1) 가방에 휴대 전화가 있어요 (2) 가방에 지갑이 있어요
2) (1) 지갑에 학생증이 있어요 (2) 지갑에 돈이 있어요 (3) 지갑에 사진이 있어요

2. 1) 삼 층에 있어요 2) 이 층에 있어요 3) 사 층에 있어요 4) 휴게실이 어디에 있어요 / 오 층에 있어요

9과

● 어휘

1.

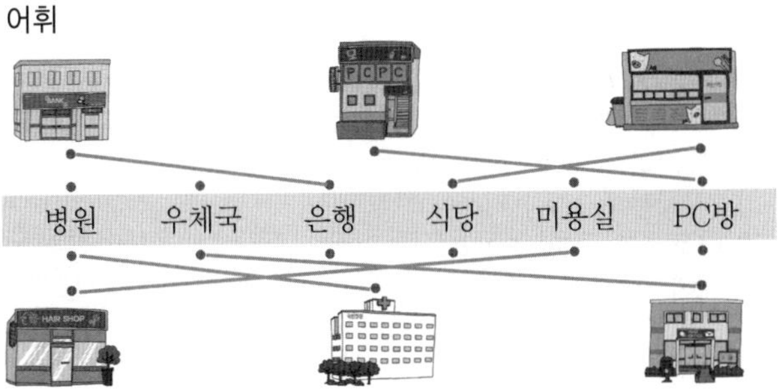

2. 2) 앞 3) 안 4) 밖 5) 위 6) 옆 7) 아래

● 위치

1. 1) 휴지통이 2) 책상 위에 3) 휴지통 옆에
4) 텔레비전 뒤에 5) 나무가

2. 1) 가방이 있어요 2) 나무가 있어요 3) 지갑 안에 있어요
4) 책상 위에 있어요 5) 책상 옆에 있어요 6) 책상 앞에 있어요

● 에 가다

1. 1) 식당에 가요 2) 공항에 가요 3) 영화관에 가요
4) 어디에 가요 / 병원에 가요 5) 어디에 가요 / 우체국에 가요
6) 어디에 가요 / 커피숍에 가요

10과

● 어휘

1.

1	2	3	4	5	6	7	8	9	10
하나	둘	셋	넷	다섯	여섯	일곱	여덟	아홉	열
한 개	두 개	세 개	네 개	다섯 개	여섯 개	일곱 개	여덟 개	아홉 개	열 개
11	12	13	14	15	16	17	18	19	20
열하나	열둘	열셋	열넷	열다섯	열여섯	열일곱	열여덟	열아홉	스물
열한 개	열두 개	열세 개	열네 개	열다섯 개	열여섯 개	열일곱 개	열여덟 개	열아홉 개	스무 개
30	40	50	60	70	80	90	100	1,000	10,000
서른	마흔	쉰	예순	일흔	여든	아흔	백	천	만

2. 1) 일곱 살 2) 열여덟 살 3) 예순여섯 살

● 단위 명사

1. 2) 명 3) 개 4) 잔 5) 병 6) 장

2. 2) 사람이 다섯 명 있어요 3) 개가 두 마리 있어요
4) 몇 개 있어요 / 휴지통이 한 개 있어요

● 에

1. 1) 한 개에 칠백 원이에요 2) 한 잔에 삼천오백 원이에요
3) 한 권에 만 오천 원이에요
4) 얼마예요 / 한 장에 이백칠십 원이에요

2. 1) 한 병에 이천오백 원이에요 2) 한 개에 이천 원이에요
3) 모두 얼마예요 4) 구천오백

11과

● 어휘

1. 2) 오다 3) 만나다 4) 씻다 5) 마시다 6) 먹다
7) 자다 8) 샤워하다 9) 쉬다 10) 읽다 11) 공부하다
12) 운동하다 13) 요리하다 14) 기다리다 15) 전화하다
16) 청소하다

● -아/어/여요

1.

동사	-아/어/여/요	동사	-아/어/여/요
가다	가요	마시다	마셔요
오다	와요	배우다	배워요
보다	봐요	운동하다	운동해요
먹다	먹어요	있다	있어요
읽다	읽어요	없다	없어요

2. 1) 아기가 자요 2) 의자에 앉아요 3) 돈이 없어요
4) 책상이 있어요 5) 학생이 공부해요 6) 친구가 한국에 와요

● 을/를

1. 2) 를 3) 을 4) 를 5) 을 6) 를

2. 1) 텔레비전 • • 만나다
2) 춤 • • 보다
3) 커피 • • 마시다
4) 한국말 • • 추다
5) 친구 • • 배우다
6) 옷 • • 입다

2) 춤을 춰요 3) 커피를 마셔요 4) 한국말을 배워요
5) 친구를 만나요 6) 옷을 입어요

3. 1) 한국말을 가르쳐요 2) 옷을 사요 3) 버스를 타요
4) 무엇을 마셔요 5) 누구를 만나요

12과

● 어휘

1.

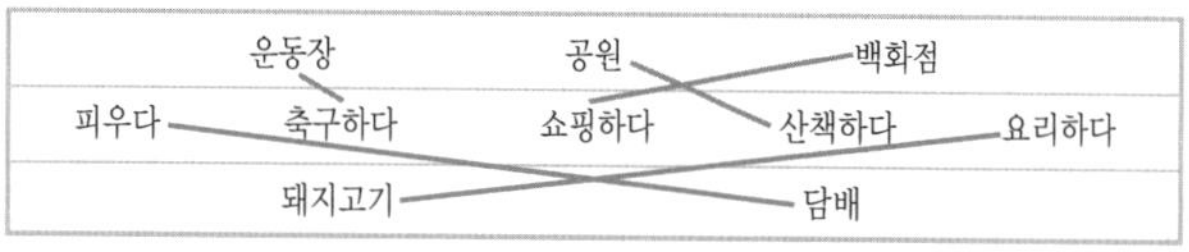

● 안

1. 1) 제프리 씨는 책을 안 읽어요 2) 제프리 씨는 편지를 안 써요
   3) 제프리 씨는 치마를 안 입어요 4) 제프리 씨는 영어를 안 배워요
   5) 제프리 씨는 전화를 안 해요
2. 1) 남자 친구를 안 만나요
   2) 한국 영화를 안 봐요 3) 아기가 안 자요
   4) 담배를 안 피워요 5) 김치를 안 먹어요
3. 1) 컴퓨터를 안 해요 / 공부를 해요 2) 안 쉬어요 / 청소를 해요
   3) 은행에 안 가요 / 병원에 가요
   4) 손을 안 씻어요 / 커피를 마셔요
   5) 숙제를 안 해요 / 영화를 봐요

● 에서

1.

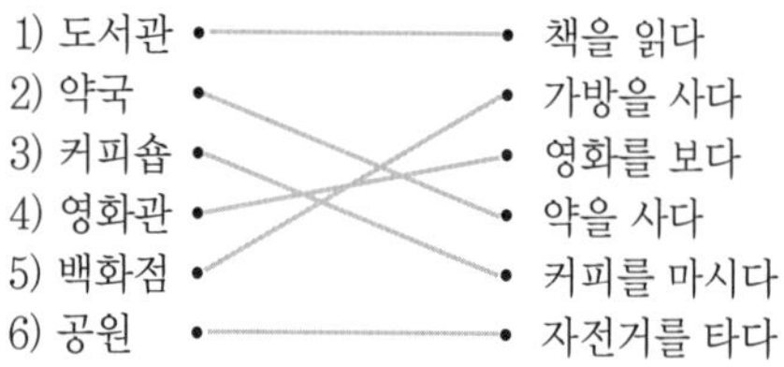

   2) 약국에서 약을 사요 3) 커피숍에서 커피를 마셔요
   4) 영화관에서 영화를 봐요 5) 백화점에서 가방을 사요
   6) 공원에서 자전거를 타요
2. 2) 에서 3) 에 4) 에서 5) 에 6) 에서 7) 에서
3. 1) 영화관에서 영화를 봐요 2) 시장에서 과일을 사요
   3) 교실에서 이야기를 해요
   4) 공원에서 사진을 찍어요 5) 교실에서 공부를 해요

13과

● 어휘

1.

일월	이월	삼월	사월	오월	유월
칠월	팔월	구월	시월	십일월	십이월

2. 1) 유월 육 일 2) 시월 이십일 일 3) 이천이십오년 십이월 십칠 일

● 에

1.

MON	TUE	WED	THU	FRI	SAT	SUN
월요일	(화요일)	(수요일)	(목요일)	(금요일)	(토요일)	(일요일)

   1) 오월 팔 일이에요
   2) 오월 육 일에 만나요(화요일에 만나요, 오늘 만나요)
   3) 오월 구 일에 제주도에 가요(금요일에 가요)
   4) 월요일이에요
   5) 주말에 운동을 해요(토요일하고 일요일에 운동을 해요)

2. 2) 방학에 고향에 가요 3) 오후에 숙제를 해요
   4) 주말에 청소를 해요 5) 생일에 파티를 해요

● 하고

1. 1) 우리 반에 프랑스 학생하고 미국 학생이 없어요
   2) 장핑 씨가 라면하고 김밥을 먹어요
   3) 마키 씨하고 윤아 씨가 도서관에 가요
   4) 수요일하고 금요일에 수영을 해요
   5) 서점에서 교과서하고 사전을 사요.
2. 1) 커피하고 콜라를 안 마셔요
   2) 월요일하고 금요일에 운동을 해요
   3) 한국어하고 영어를 배워요
   4) 병원하고 도서관에 가요
   5) 지훈 씨하고 윤아 씨가 영화를 봐요

14과

● 어휘

1. 2) 작다 3) 많다 4) 적다 5) 좋다 6) 나쁘다
   7) 길다 8) 짧다 9) 비싸다 10) 싸다 11) 재미있다
   12) 재미없다 13) 예쁘다 14) 멋있다
   15) 친절하다 16) 아프다
2. 1) 예뻐요 / 비싸요 / 커요
   2) 재미있어요 / 멋있어요 / 깨끗해요 / 친절해요 / 커요
   3) 맛있어요 / 비싸요
   4) 예뻐요 / 깨끗해요 / 비싸요 / 커요

● -지 않다

1.

동사	-지 않아요	형용사	-지 않아요
가다	가지 않아요	많다	많지 않아요
오다	오지 않아요	좋다	좋지 않아요
보다	보지 않아요	적다	적지 않아요
먹다	먹지 않아요	길다	길지 않아요
읽다	읽지 않아요	친절하다	친절하지 않아요
마시다	마시지 않아요	조용하다	조용하지 않아요
기다리다	기다리지 않아요	크다	크지 않아요
운동하다	운동하지 않아요	나쁘다	나쁘지 않아요
청소하다	청소하지 않아요	예쁘다	예쁘지 않아요

2. 1) 돼지고기를 먹지 않아요 2) 커피를 마시지 않아요
   3) 한국 신문을 읽지 않아요 4) 아침에 청소를 하지 않아요
   5) 일요일에 친구를 만나지 않아요
3. 1) 머리가 짧지 않아요 2) 운동화가 깨끗하지 않아요
   3) 교실에 학생이 많지 않아요 4) 키가 작아요
   5) 옆방이 조용해요 6) 재미없어요

● 도

1. 1) 김밥도 먹어요 2) 빨래도 해요 3) 고양이도 좋아해요
   4) 책도 읽어요 5) 쇼핑도 해요
2. 1) 지훈 씨도 청소해요 2) 소라 씨도 모자를 사요
   3) 저 가방도 비싸요 4) 주스는 적어요
   5) 줄리 씨 집도 커요 / 줄리 씨 집은 작아요

15과

● 어휘

1.

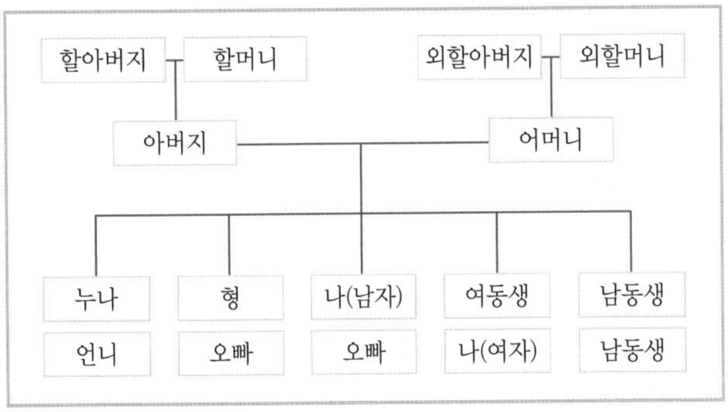

● 와/과

1. 제 방이에요. 제 방에 책상(와, (과)) 의자가 있어요. 책상 위에 컴퓨터((와), 과) 시계((와), 과) 책이 있어요. 의자 옆에는 가방이 있어요. 가방 안에 지갑(와 , (과)) 공책(와 , (과)) 휴대 전화가 있어요.
2. 1) ② 수요일과 금요일 ③ 인성 씨와 수현 씨 ④ 요리와 축구
   2) ① 아버지와 어머니와 남동생과 왕쯔이 ② 화요일과 목요일
      ③ 미국 친구와 일본 친구와 베트남 친구 ④ 비빔밥과 냉면
   3) 〈예시 답안〉
      ① 제 가족은 아버지와 어머니와 저 모두 3명이에요
      ② 저는 몽골 친구와 한국 친구가 있어요
      ③ 저는 순두부찌개와 라면을 자주 먹어요

● -(으)시-

1.

동사	-(으)세요	형용사/명사	-(으)세요/(이)세요
가다	가세요	많다	많으세요
오다	오세요	좋다	좋으세요
보다	보세요	작다	작으세요
읽다	읽으세요	재미있다	재미있으세요
기다리다	기다리세요	친절하다	친절하세요
운동하다	운동하세요	크다	크세요
청소하다	청소하세요	바쁘다	바쁘세요
※ 먹다	잡수세요/드세요	예쁘다	예쁘세요
※ 마시다	드세요	선생님	선생님이세요
※ 자다	주무세요	아버지	아버지세요
※ 있다	계세요	의사	의사세요

2. 1) 예쁘세요. 2) 산책을 하세요.
   3) 어머니가 재미있으세요.
   4) 어머니가 회사원이세요.
   5) 어머니가 빵을 잡수세요.
   6) 친절해요. 7) 날마다 무엇을 해요?
   8) 친구가 바빠요. 9) 친구가 책을 읽어요.
   10) 친구가 교실에 없어요.
3. 1) 보세요 2) 가세요 3) 공부해요
   4) 배우세요 5) 〈예시답안〉 집에서 쉬어요(한국어 공부를 해요)

16과

● -(스)ㅂ니다/(스)ㅂ니까?

1.

동사	-(스)ㅂ니다	-(스)ㅂ니까?	형용사	-(스)ㅂ니다	-(스)ㅂ니까?
가다	갑니다	갑니까?	크다	큽니다	큽니까?
오다	옵니다	옵니까?	예쁘다	예쁩니다	예쁩니까?
보다	봅니다	봅니까?	나쁘다	나쁩니다	나쁩니까?
마시다	마십니다	마십니까?	싸다	쌉니다	쌉니까?
만나다	만납니다	만납니까?	친절하다	친절합니다	친절합니까?
먹다	먹습니다	먹습니까?	좋다	좋습니다	좋습니까?
읽다	읽습니다	읽습니까?	많다	많습니다	많습니까?
하다	합니다	합니까?	작다	작습니다	작습니까?
공부하다	공부합니다	공부합니까?	있다	있습니다	있습니까?
운동하다	운동합니다	운동합니까?	재미있다	재미있습니다	재미있습니까?

2. 1) ① 입니다 ② 공부합니다 ③ 재미있습니다 ④ 맛있습니다
      ⑤ 좋아합니다 ⑥ 옵니다 ⑦ 만납니다
   2) ① 안녕하십니까 ② 어떻습니까 ③ 재미있습니다 ④ 많습니까
      ⑤ 있습니다 ⑥ 있습니까 ⑦ 없습니다

● -겠-[1]

1.

동사	-겠습니다	동사	-겠습니다
가다	가겠습니다	먹다	먹겠습니다
오다	오겠습니다	읽다	읽겠습니다
보다	보겠습니다	하다	하겠습니다
사다	사겠습니다	공부하다	공부하겠습니다
마시다	마시겠습니다	운동하다	운동하겠습니다
만나다	만나겠습니다	청소하다	청소하겠습니다

2. 1) 병원에 가겠습니다 / 병원에 가지 않겠습니다
   2) 사전을 보겠습니다 / 사전을 보지 않겠습니다
   3) 창문을 열겠습니다 / 창문을 열지 않겠습니다.
3. 2) 잘 먹겠습니다 3) 커피를 마시겠습니다
   4) 내일 전화하겠습니다 5) 늦게 오지 않겠습니다
   6) 제가 사겠습니다

17과

● 어휘

1. 1) 작년 2) 지난주 3) 어제 4) 일찍 5) 늦게

● -았/었/였-

1.

동사	-았/었/였어요	형용사/명사+이다	-았/었/였어요
가다	갔어요	많다	많았어요
오다	왔어요	싸다	쌌어요
보다	봤어요	재미있다	재미있었어요
먹다	먹었어요	길다	길었어요
읽다	읽었어요	복잡하다	복잡했어요
기다리다	기다렸어요	친절하다	친절했어요
마시다	마셨어요	크다	컸어요
공부하다	공부했어요	아프다	아팠어요

운동하다	운동했어요	예쁘다	예뻤어요
있다	있었어요	공원이다	공원이었어요
없다	없었어요	의사이다	의사였어요

2. 1) 영화를 봤어요 2) 편지를 썼어요 3) 신문을 읽었어요
   4) 배가 아팠어요 5) 백화점이 복잡했어요 6) 학생이었어요
3. 1) 친구를 만났어요 2) 일본에 갔어요
   3) 과일을 샀어요 4) 중국어를 배웠어요
   5) 공원에서 사진을 찍었어요 6) 친구하고 같이 영화를 봤어요
4. 1) 만났어요 2) 봤어요 3) 어땠어요 4) 많지 않았어요
   5) 갔어요 6) 샀어요 7) 샀어요 8) 〈예시 답안〉예뻤어요
5. 일기 〈자유 답안〉

18과

● 어휘

1. 1) 한 시 오 분 2) 세 시 십 분 3) 네 시 삼십 분 4) 아홉 시
   5) 열두 시 이십 분
2. 1) 일어났어요 2) 학원 3) 헤어졌어요 4) 체육관 / 빌리러

● 시간

1. 1) 다섯 시 십오 분이에요 2) 열한 시 오십오 분이에요
   3) 지금 몇 시예요 / 여섯 시 사십오 분이에요
   4) 일곱 시에 저녁을 먹어요 5) 두 시 이십 분에 운동을 해요

● -(으)러

1.

동사	-(으)러	동사	-(으)러
보다	보러	먹다	먹으러
사다	사러	찾다	찾으러
마시다	마시러	운동하다	운동하러
배우다	배우러	청소하다	청소하러
읽다	읽으러	만들다	만들러

2. 1) 친구를 만나러 2) 운동을 하러 3) 손을 씻으러
   4) 야채를 사러 5) 사진을 찍으러
3. 2) 게임을 하러 가요 3) 사진을 찍으러
   4) 선물을 사러 5) 여권을 만들러 가요

19과

● 어휘

1.

6월 18일	6월 19일	6월 20일
오늘	내일	모레

AM 8:00	PM 1:00	PM 7:00
아침	점심	저녁

2. 1) 미술관 2) 경치 3) 한식집 4) 슈퍼마켓 5) 콘서트

● 부터 ~까지

1. 1) 월요일부터 금요일까지 학교에 가요
   2) 오월 이십 일부터 유월 십이 일까지 방학이에요
   3) 팔월 일 일부터 팔월 십오 일까지 인도 여행을 할 거예요
   4) 유월부터 팔월까지가 여름이에요
   5) 언제부터 언제까지 시험을 봐요
2. 1) 여덟 시 십 분에 아침 식사를 해요
   2) 아홉 시부터 열두 시 오십 분까지 한국어 수업을 들어요
   3) 두 시부터 세 시 삼십 분(세 시 반)까지 운동을 해요
   4) 네 시부터 여섯 시까지 숙제를 해요
   5) 여덟 시부터 아홉 시 사십 분까지 텔레비전을 봐요

● -(으)ㄹ 거예요

1.

동사	-(으)ㄹ 거예요
가다	갈 거예요
보다	볼 거예요
만나다	만날 거예요
쉬다	쉴 거예요
쓰다	쓸 거예요
먹다	먹을 거예요
읽다	읽을 거예요
입다	입을 거예요
청소하다	청소할 거예요
공부하다	공부할 거예요
만들다	만들 거예요
살다	살 거예요

2. 1) 쇼핑할 거예요 2) 토요일에 영화를 볼 거예요
   3) 책을 읽을 거예요 4) 불고기를 만들 거예요 5) 노래방에 갈 거예요
3. 〈자유 답안〉

20과

● 어휘

1. 1) 강아지 2) 선글라스 3) 장갑 4) 향수
2. 1) 좋아하다 • • 싫어하다
   2) 주다 • • 대답하다
   3) 질문하다 • • 가르치다
   4) 배우다 • • 팔다
   5) 사다 • • 받다
   6) 만나다 • • 헤어지다

● 에게/한테

1. 1) 남자 친구가 여자 친구에게 꽃을 선물합니다
   2) 윤아가 어머니께 화장품을 선물합니다
   3) 아버지께서 저에게 전화를 하십니다
   4) 어머니께서 강아지에게 밥을 주십니다
   5) 동생이 꽃에 물을 줍니다
2. 〈예시 답안〉
   1) 여자 친구에게 2) 친구 / 향수
   3) 어머니께 꽃과 케이크를 드렸어요
   4) 남자(여자) 친구에게 초콜릿을 선물할 거예요.
   5) 사무실에 이메일을 보내지 않았어요

● 에게서/한테서

1. 1) 남자 친구한테서 꽃을 받았어요 / 남자 친구에게서 꽃을 받았습니다
   2) 김지영 선생님한테서 한국말을 배웠어요 / 김지영 선생님에게서 한국말을 배웠습니다

3) 언니한테서 옷을 빌렸어요 / 언니에게서 옷을 빌렸습니다
4) 아버지한테서 전화가 왔어요 / 아버지에게서 전화가 왔습니다
5) 할머니한테서 시계를 받았어요 / 할머니에게서 시계를 받았습니다

2. 1) 어머니한테서 2) 이리나 씨한테서
3) 선생님한테서 4) 라디오에서
5) 사무실에서

3. 한테서 / 한테 / 께 / 한테

21과

● 어휘

1. 1) 여러 가지 2) 그려요 3) 열었어요 4) 계속 5) 넣었어요

● 만

1. 1) 바지만 2) 커피만 3) 선생님만
4) 월요일부터 금요일까지만 5) 학교에서만

2. 1) 우유만 마셔요 2) 하루에 한 번만 먹어요 3) 전화만 해요
4) 저만 한국에 있어요 5) 한국어만 배워요

● -고 있다

1. 1) 태권도를 배우고 있어요 2) 밥을 먹고 있어요
3) 요리를 하고 계세요 4) 〈예시 답안〉이수현 선생님한테서 한국말을 배우고 있어요 5) 〈예시 답안〉 친구하고 같이 살고 있어요

2. 1) 물을 마시고 있어요 2) 노래를 부르고 있어요
3) 케이크를 먹고 있어요 4) 사진을 찍고 있어요
5) 춤을 추고 있어요

5~21과 종합 문제

1.① 2.③ 3.① 4.③ 5.④ 6.② 7.④ 8.① 9.② 10.④
11.① 12.③ 13.④ 14.③ 15.① 16.② 17.③ 18.④ 19.① 20.②
21.① 22.③ 23.④ 24.② 25.④ 26.① 27.③ 28.② 29.④ 30.③
31.② 32.④ 33.① 34.② 35.① 36.② 37.① 38.③ 39.② 40.④
41.③ 42.①

22과

● 어휘

1. 비빔밥 / 삼계탕 / 삼겹살 / 냉면 / 생선회
2. 2) 운동 3) 동물 4) 색깔 5) 음악
3. 1) 밝아요 2) 정문 3) 준비하고 있어요 4) 값

● -(으)ㄹ까요?

1.

동사	-(으)ㄹ까요?
가다	갈까요?
보다	볼까요?
마시다	마실까요?
공부하다	공부할까요?
요리하다	요리할까요?
찍다	찍을까요?
먹다	먹을까요?
만들다	만들까요?

2. 2) 도서관에 공부하러 갈까요
3) 의자에 앉을까요 4) 여기에서 사진을 찍을까요
5) 같이 수영장에 갈까요

3. 1) 어디에 갈까요 2) 5월에 가요 3) 네 시 비행기를 타요
4) 어디에서 잘까요 5) 무엇을 먹을까요

● -고

1. 〈예시 답안〉
1) 불고기가 달고 맛있습니다
2) 한국어 공부가 쉽고 재미있습니다
3) 서울이 크고 복잡합니다
4) 고향이 아름답고 깨끗합니다
5) 친구가 친절하고 똑똑합니다

2. 1) 마키 씨는 일본 사람이고 장핑 씨는 중국 사람이에요
2) 마키 씨는 불고기를 좋아하고 장핑 씨는 냉면을 좋아해요
3) 마키 씨는 명동에 자주 가고 장핑 씨는 동대문 시장에 자주 가요
4) 마키 씨는 주말에 보통 친구를 만나고 쇼핑도 해요
5) 장핑 씨는 주말에 보통 요리하고 사진도 찍어요

23과

● 어휘

1. 1) 일본 음식 - 일식집
2) 중국 음식 - 중국집
3) 서양 음식 - 양식집

2.

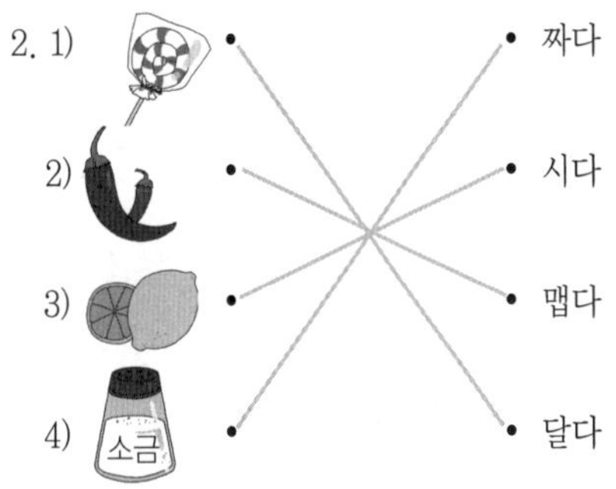

3. 1) 더럽다 • ——— • 깨끗하다
2) 뜨겁다 • • 어렵다
3) 쉽다 • • 덥다
4) 춥다 • • 차갑다
5) 가깝다 • ——— • 멀다

● ㅂ 불규칙 동사/형용사

1.

동사/형용사	-(스)ㅂ니다	-아/어/여요	-았/었/였어요
춥다	춥습니다	추워요	추웠어요
덥다	덥습니다	더워요	더웠어요
어렵다	어렵습니다	어려워요	어려웠어요
쉽다	쉽습니다	쉬워요	쉬웠어요
가깝다	가깝습니다	가까워요	가까웠어요
맵다	맵습니다	매워요	매웠어요
돕다	돕습니다	도와요	도왔어요

2. 1) 더웠어요 2) 쉽지 않아요. 3) 가까워요 4) 뜨거워요 5) 맵고

3. 1) 뜨겁지 않아요 2) 더럽지 않아요 3) 무서웠어요
4) 쉬웠어요 5) 시끄러워요

● -(으)ㄴ

1. 1) 작은 가방 2) 더러운 방 3) 매운 떡볶이
   4) 큰 농구장 5) 넓은 노래방 6) 귀여운 아기
2. 1) 가까운 2) 멋있는 3) 슬픈 4) 조용한 5) 매운

24과

● 어휘

1. 1) 세 그릇 2) 일 인분 3) 이 인분 4) 삼 인분 5) 네 그릇
2. 1) 심심해요 2) 시켰어요 3) 다리 4) 종업원 5) 인터넷

● -고 싶다

1. 1) 가고 싶어요 2) 먹고 싶어요 3) 보고 싶어요 4) 앉고 싶어요
2. 1) 여행하고 싶어요 2) 노래를 부르고 싶어요
   3) 먹고 싶어요 4) 가고 싶어요 5) 사진을 찍고 싶어요

● -(으)세요, -지 마세요

1.

동사	-(으)세요	-지 마세요
가다	가세요	가지 마세요
오다	오세요	오지 마세요
보다	보세요	보지 마세요
주다	주세요	주지 마세요
말하다	말하세요	말하지 마세요
노래하다	노래하세요	노래하지 마세요
찍다	찍으세요	찍지 마세요
읽다	읽으세요	읽지 마세요
받다	받으세요	받지 마세요
듣다	들으세요	듣지 마세요
만들다	만드세요	만들지 마세요
※ 자다	주무세요	주무시지 마세요
※ 먹다	드세요/잡수세요	드시지 마세요/잡수시지 마세요

2. 1) 학교에 일찍 오세요 2) 책을 읽으세요
   3) 친구와 같이 이야기하세요 4) 의자에 앉으세요
   5) 창문을 닫으세요
3. 1) 먹지 마세요 2) 마시지 마세요 3) 듣지 마세요
   4) 하지 마세요 5) 피우지 마세요.

25과

● 어휘

1. 1) 웃었어요 2) 초대하고 싶습니다 3) 사용해요
   4) 불어요 5) 불편해요
2. 미역국 / 숟가락 / 반찬 / 문화

● -지만

1. 1) 힘들어요 2) 불친절해요 3) 깨끗해요
   4) 재미있어요 5) 비싸요 6) 맵지만
2. 〈예시 답안〉 1) 어려워요 2) 바람이 불지만(눈이 오지만)
   3) 복잡해요 4) 깨끗하지만 5) 맛이 없어요

● ㄹ 탈락

1.

동사	-아/어/여요	-(스)ㅂ니다	-(으)세요
알다	알아요	압니다	아세요
팔다	팔아요	팝니다	파세요
울다	울어요	웁니다	우세요
불다	불어요	붑니다	부세요
살다	살아요	삽니다	사세요
놀다	놀아요	놉니다	노세요
만들다	만들어요	만듭니다	만드세요
들다	들어요	듭니다	드세요
멀다	멀어요	멉니다	*
달다	달아요	답니다	*
길다	길어요	깁니다	*
힘들다	힘들어요	힘듭니다	*

2. 1) 웁니다 2) 붑니다 3) 만드세요 4) 여세요 5) 멉니다
3. 1) 문을 엽니다 2) 압니다 3) 깁니다
   4) 〈예시 답안〉 학교 근처 기숙사에서 삽니다
   5) 〈예시 답안〉 어머니께서는 만두를 잘 만드십니다

26과

● 어휘

1. 1) 비가 오다 2) 맑다 3) 흐리다 4) 따뜻하다
   5) 시원하다 6) 춥다 7) 덥다
2. 1) 힘들어요 2) 세일 3) 더 4) 행복한 5) 보통

● 보다

1. 1) 바트 가족이 윤아 가족보다 더 많아요
   2) 윤아 운동화가 지훈 운동화보다 더 깨끗해요
   3) 축구가 농구보다 선수가 더 많아요
   4) B반이 A반보다 학생이 더 많아요
   5) 〈예시 답안〉 김밥보다 떡볶이를 더 좋아해요
2. 1) 학생 식당이 국민식당보다 더 싸요
   2) 국민식당이 학생 식당보다 분위기가 더 좋아요
   3) 더 맛있어요 / 국민식당이 학생 식당보다 더 맛있어요

● -겠-[2]

1. 2) 고향에 가고 싶겠어요
   3) 피곤하겠어요
   4) 무서웠겠어요
   5) 기분이 정말 좋았겠어요
2. 1) 여름에 시원하겠어요. 2) 재미있겠어요
   3) 시끄럽겠어요 4) 기분이 안 좋겠어요
3. 저는 부산보다 제주도에 더 가고 싶어요. 그래서 제주도에 갈 거예요. 토요일보다 일요일이 더 바빠요. 그래서 토요일에 갈 거예요. 비행기가 배보다 더 편해요. 그래서 비행기를 타고 갈 거예요. 서울보다 제주도가 더 더워요. 그래서 수영복을 준비할 거예요. 이 여행이 아주 재미있겠어요.

27과

● 어휘

1. 1) 겨울 2) 가을 3) 여름
2. 1) 화장 2) 음악 3) 점수 4) 채소 5) 빨리

● -는

1.

동사	-는	동사	-는
가다	가는	먹다	먹는
자다	자는	듣다	듣는
보다	보는	읽다	읽는
만나다	만나는	닫다	닫는
쉬다	쉬는	살다	사는
마시다	마시는	만들다	만드는
배우다	배우는	열다	여는

2. 1) 압둘라 씨가 좋아하는
   2) 카오루 씨가 자주 듣는
   3) 이리나 씨가 많이 마시는 음료수는 콜라예요
   4) 간토야 씨가 좋아하는 동물은 고양이예요
   5) 장핑 씨가 자주 만나는 사람은 왕쯔이 씨예요
   6) 바트 씨가 자주 하는 운동은 수영이에요
3. 2) 손을 씻는 사람이 왕쯔이 씨예요
   3) 물을 마시는 사람이 카오루 씨예요
   4) 쉬는 사람이 마키 씨예요
   5) 빵을 먹는 사람이 압둘라 씨예요
   6) 공부하는 사람이 투이 씨예요

● -아/어/여지다

1.

형용사	-아/어/여졌어요	형용사	-아/어/여졌어요
싸다	싸졌어요	재미있다	재미있어졌어요
많다	많아졌어요	예쁘다	예뻐졌어요
좋다	좋아졌어요	크다	커졌어요
높다	높아졌어요	춥다	추워졌어요
작다	작아졌어요	쉽다	쉬워졌어요
깨끗하다	깨끗해졌어요	멀다	멀어졌어요
뚱뚱하다	뚱뚱해졌어요	길다	길어졌어요

2. 2) 조용해졌어요 3) 깨끗해졌어요
   4) 좋아졌어요 5) 뚱뚱해졌어요 6) 멀어졌어요
3. 〈예시 답안〉
   가 : 요즘 일본 날씨가 어때요?
   나 : 좀 추워졌어요.
   그래서 온천에 자주 가요.
   가 : 온천이 뭐예요?
   나 : 온천은 일본 사람들이 겨울에 자주 가는 곳이에요.
   가 : 그래요? 다음에 같이 가요.

28과

● 어휘

1. 봄 : 도시락, 따뜻하다, 황사, 꽃구경하다
   여름 : 아이스크림, 덥다, 장마, 바다에서 수영을 하다
   가을 : 감, 쌀쌀하다, 단풍, 등산을 하다
   겨울 : 따뜻한 차, 춥다, 눈, 스키를 타다
2. 을/를 타다 : 택시를 타다, 자전거를 타다, 비행기를 타다,
   오토바이를 타다
   을/를 치다 : 탁구를 치다, 테니스를 치다,
   피아노를 치다, 기타를 치다

● 중에서 제일

1. 2) 운동 : 저는 운동 중에서 수영을 제일 좋아해요
   3) 음악 : 저는 음악 중에서 K-POP을 제일 좋아해요
   4) 양식 : 저는 양식 중에서 스파게티를 제일 좋아해요
   5) 가족 : 저는 가족 중에서 어머니를 제일 좋아해요
2. 〈예시 답안〉
   1) 제주도하고 부산하고 경주 중에서 제주도에 제일 가고 싶어요
   2) 자동차하고 노트북하고 카메라 중에서 카메라를 제일 사고 싶어요
   3) 말하기하고 듣기하고 쓰기 중에서 듣기가 제일 어려워요
   4) 우리 반에 중국 학생이 제일 많아요

● -(으)ㄹ 수 있다/없다

1.

동사	-(으)ㄹ 수 있어요	동사	-(으)ㄹ 수 있어요
가다	갈 수 있어요	먹다	먹을 수 있어요
보다	볼 수 있어요	앉다	앉을 수 있어요
마시다	마실 수 있어요	읽다	읽을 수 있어요
만나다	만날 수 있어요	살다	살 수 있어요
쉬다	쉴 수 있어요	만들다	만들 수 있어요

2. 1) 저는 한국말은 할 수 있지만 영어는 할 수 없어요
   2) 저는 자전거는 탈 수 있지만 운전은 할 수 없어요
   3) 저는 비빔밥은 먹을 수 있지만 갈비는 먹을 수 없어요
   4) 저는 축구는 할 수 있지만 탁구는 칠 수 없어요
3. 제가 우리 반 친구 중에서 제일 좋아하는 친구는 토비 씨예요. 토비 씨는 한국어 일기를 쓸 수 (있어요/없어요) 그렇지만 한국 노래는 부를 수 없어요. 토비 씨는 색깔 중에서 빨간색을 제일 좋아해요. 그리고 과목 중에서 수학을 제일 좋아해요. 그리고 바이올린을 연주할 수 있어요. 일본어도 할 수 있어요. 그리고 영화 중에서 공포 영화를 제일 좋아해요.

29과

● 어휘

1. 1) 케이크 2) 이사 3) 신고 4) 가지고 5) 우산 6) 남산

● -아/어/여서[1]

1.

동사/형용사	-아/어/여서	형용사/명사+이다	-아/어/여서
가다	가서	바쁘다	바빠서
오다	와서	아프다	아파서
먹다	먹어서	예쁘다	예뻐서
마시다	마셔서	덥다	더워서
좋다	좋아서	춥다	추워서
많다	많아서	멀다	멀어서
맛있다	맛있어서	길다	길어서
재미없다	재미없어서	학생이다	학생이어서
피곤하다	피곤해서	외국이다	외국인이어서

2. 2) 좋은 회사에서 일하고 싶어서 열심히 공부해요
   3) 고향에서 친구가 와서 공항에 갔어요

4) 오늘 데이트를 해서 치마를 입고 왔어요
5) 김치가 매워서 먹을 수 없어요
3. 1) 시간이 없어서 2) 배가 고파서 3) 겨울이어서
4) 〈예시 답안〉 경복궁에 갔어요
5) 〈예시 답안〉 집에서 쉬어요

● -(으)ㄴ

1.

동사	-(으)ㄴ	동사	-(으)ㄴ
가다	간	먹다	먹은
자다	잔	입다	입은
보다	본	읽다	읽은
만나다	만난	닫다	닫은
마시다	마신	살다	산
배우다	배운	만들다	만든
쓰다	쓴	열다	연

2. 1) 어제 친구하고 같이 먹은 김치찌개가 좀 매웠어요
2) 사진을 찍으러 간 공원에 나무가 아주 많았어요
3) 어제 윤아 씨가 만든 불고기는 유명한 한국 음식이에요
4) 오늘 배운 문법을 집에서 복습할 거예요
3. 2) 부모님 선물 3) 만드신 음식은
4) 받은 것은 5) 윷놀이예요

30과

● 어휘

1. 1) ㉠ 2) ㉢ 3) ㉣ 4) ㉡ 5) ㉤ 6) ㉥
2. 1) 나가지 마세요 2) 들어오세요 3) 출구 4) 길이 막혀서
5) 실례합니다 6) 물어볼까요

● (으)로[1]

1. 2) 으로 3) 로 4) 으로 5) 로 6) 로
2. 1) 왼쪽으로 가세요 2) 오른쪽으로 가세요
3) 9층으로 올라가세요
4) 5번 출구로 나가세요

● -(으)니까

1.

동사	-(으)니까	형용사	-(으)니까
가다	가니까	예쁘다	예쁘니까
자다	자니까	싸다	싸니까
마시다	마시니까	깨끗하다	깨끗하니까
전화하다	전화하니까	많다	많으니까
먹다	먹으니까	적다	적으니까
읽다	읽으니까	길다	기니까
만들다	만드니까	달다	다니까
알다	아니까	재미있다	재미있으니까
있다	있으니까	시끄럽다	시끄러우니까
없다	없으니까	맵다	매우니까

2. 1) 쌀쌀하니까 2) 떡볶이가 매우니까 3) 그 학생 전화번호를 아니까
4) 〈예시 답안〉 아기가 자니까 5) 〈예시 답안〉 방이 더러우니까
3. 1) 어디로 옷을 사러 갈까요 / 〈예시 답안〉 명동에 옷가게가 많으니까 명동으로 가요
2) 어디로 휴대폰을 사러 갈까요 / 〈예시 답안〉 용산에 휴대폰 가게가 많으니까 용산 전자 상가로 가요
3) 어디로 한국 음식을 먹으러 갈까요 / 〈예시 답안〉 인사동에 맛있는 식당이 있으니까 인사동으로 가요
4) 어디로 데이트를 하러 갈까요 / 〈예시 답안〉 남산이 경치가 좋으니까 남산으로 가요
4. 가 : 실례합니다. 미용실이 어디에 있습니까?
나 : 사거리에서 오른쪽으로 가세요. 약국 옆에 있어요. 손님이 많으니까 예약을 하세요.

31과

● 어휘

1. 1) ㉡ 2) ㉤ 3) ㉠ 4) ㉣ 5) ㉢
2. 1) 걸려요 2) 초대장 3) 갈아타세요 4) 출발
5) 내리지 마세요 / 내리세요

● ㄷ 불규칙 동사

1.

동사	-(스)ㅂ니다	-고	-아/어/여요	-(으)니까
걷다	걷습니다	걷고	걸어요	걸으니까
듣다	듣습니다	듣고	들어요	들으니까
묻다	묻습니다	묻고	물어요	물으니까
싣다	싣습니다	싣고	실어요	실으니까
※ 닫다	닫습니다	닫고	닫아요	닫으니까
※ 받다	받습니다	받고	받아요	받으니까

2. 1) 전화번호를 물었어요 2) 라디오에서 들을 수 있어요
3) 나쁜 이야기를 들어서 기분이 나빠요 4) 닫을까요
5) 〈예시 답안〉 향수를 받고 싶어요

● (으)로[2]

1. 1) 비행기로 왔어요 2) 볼펜으로 이름을 써요
3) 한국말로 이야기해요 4) 나무로 만들었어요
5) 딸기로 만든 주스예요

● 에서 ~까지

1. 1) 서울에서 제주도까지 어떻게 가요 / 비행기를 타고 가요 / 얼마나 걸려요 / 1시간쯤 걸려요.
2) 국민대학교에서 서울역까지 어떻게 가요 / 버스를 타고 가요 / 얼마나 걸려요 / 30분쯤 걸려요
3) 서울역에서 부산역까지 어떻게 가요 / 기차를 타고 가요 / 얼마나 걸려요 / 2시간 30분쯤 걸려요
4) 학교에서 공원까지 어떻게 가요 / 걸어서 가요 / 얼마나 걸려요 / 걸어서 15분쯤 걸려요
5) 국민대학교에서 경복궁까지 어떻게 가요 / 택시를 타고 가요 / 얼마나 걸려요 / 20분쯤 걸려요
2. 저는 프랑스에 가고 싶어요. 프랑스에 있는 루브르박물관을 구경하고 싶어요. 집에서 공항까지 공항버스를 타고 갈 거예요. 공항에서 프랑스까지 비행기로 갈 거예요. 11시간쯤 걸려요. 멀지만 꼭 가고 싶어요.
3. 〈자유 답안〉

32과

● 어휘

1. 2) 내리다 3) 내려가다 4) 느리다 5) 배가 부르다
2. 1) 다릅니다 2) 이해할 수 없어요 3) 이따가 4) 빨라서
   5) 비밀번호

● 르 불규칙 동사/형용사

1.

동사/형용사	-(스)ㅂ니다	-아/어/여요	-(으)니까	-(으)ㄴ/는
고르다	고릅니다	골라요	고르니까	고르는
자르다	자릅니다	잘라요	자르니까	자르는
부르다	부릅니다	불러요	부르니까	부르는
모르다	모릅니다	몰라요	모르니까	모르는
다르다	다릅니다	달라요	다르니까	다른
빠르다	빠릅니다	빨라요	빠르니까	빠른

2. 1) 미용실에서 머리를 잘라요 2) 몰라요
   3) 노래방에서 불러요 4) 달라요

● -아/어/여서[2]

1. 1) 친구를 만나서 영화를 봤어요
   2) 케이크를 만들어서 여자 친구에게 선물했어요
   3) 요리를 해서 먹었어요 4) 학교에 가서 공부했어요
   5) 커피숍에 가서 잡지를 봤어요
2. 1) DVD를 빌려서 같이 볼까요?
   2) 사과를 씻어서 친구하고 같이 먹었어요
   3) 아침에 일어나서 신문을 읽었어요.
   4) 은행에서 돈을 찾아서 쇼핑을 할 거예요
3. 혜화역에서 4호선을 타고 삼각지역으로 가세요.
   삼각지역에서 내려서 6호선으로 갈아타세요.
   지하철 6호선 월드컵 경기장역에서 내리세요.

33과

● 어휘

1. 1) 스트레스 2) 예약하세요 3) 걱정하지 4) 될 거예요 5) 생기면
2. 1) 어떻게 되세요 2) 잠시만 3) 여행사 4) 여권 5) 성함

● -(으)면

1. 1) 시간이 있으면 우리 집에 놀러 오세요
   2) 세일을 하면 백화점에서 그 옷을 살 거예요
   3) 김치가 너무 매우면 드시지 마세요
   4) 고향에 가면 선생님께 이메일을 보낼 거예요
2. 〈예시 답안〉
   1) 시간이 있으면 영화를 봐요
   2) 용돈이 없으면 아르바이트를 해요
   3) 한국 생활이 힘들면 부모님께 전화해요
   4) 고향 친구가 서울에 오면 같이 남산에 가고 싶어요
   5) 부산에 여행을 가면 바다에서 수영을 하고 싶어요
   6) 결혼을 하면 한국에서 살고 싶어요

● -(으)ㄹ

1.

동사	-(으)ㄹ	동사	-(으)ㄹ
가다	갈	먹다	먹을
자다	잘	읽다	읽을
보다	볼	살다	살
내리다	내릴	알다	알
쉬다	쉴	만들다	만들
마시다	마실	열다	열
자르다	자를	걷다	걸을
부르다	부를	듣다	들을

2. 1) 일요일에 만날 한국 친구는
   2) 주말에 볼 영화는 3) 주말에 갈 공원에서는 자전거를 탈 수 있어요
   4) 남자 친구에게 줄 선물은 시계예요
   5) 다음 주에 이사할 아파트는 학교에서 가깝지 않아요
   6) 내일 배울 문법이 어려워요
3. 1) 만날 2) 생일 파티를 할 / 곳은 3) 내릴 / 역은
   4) 나갈 출구는 3번 출구예요

34과

● 어휘

1. 1) 특히 2) 졸리지 않아요 3) 집안일 4) 보내신
2. 1) 항상 2) 별로 3) 전혀

● -거나

1. 1) 만나거나 2) 보거나 3) 읽거나 4) 빨래를 하거나
   5) 음식을 만들거나 6) 집에서 쉬거나
2. 〈예시 답안〉
   1) 차를 마시거나 영화를 봐요. 2) 집에서 자거나 여행을 했어요.
   3) 대학원에 가거나 회사에 취직할 거예요.
   4) 이메일을 쓰거나 전화를 해요. 5) 영화를 보거나 명동에 가고 싶어요.

● (이)나

1. 2) 나 3) 이나 4) 이나 5) 나 6) 이나
2. 〈예시 답안〉
   1) 넥타이나 양말을 드려요. 2) 꽃이나 케이크를 가지고 갈 거예요.
   3) 공원이나 바다에 가요.
   4) '하루'나 '아리랑'을 불러요. 5) 떡볶이나 만두를 자주 먹어요.
3. 〈예시 답안〉
   가 : 이리나 씨, 주말에 같이 영화를 볼까요?
   나 : 좋아요. 무슨 영화를 좋아해요?
   가 : 저는 코미디 영화나 공포 영화를 좋아해요. 장핑 씨는요?
   나 : 저도 비슷해요. 요즘 극장에서 '무서운 가족들'을 하고 있어요. 그 영화 어때요?
   가 : 재미있겠네요. 그 영화를 봐요.
   (영화 관람 후)
   가 : 영화 어땠어요?
   나 : 재미있었어요. 장핑 씨는 영화를 자주 보세요?
   가 : 네, 자주 봐요. 이리나 씨는 주말에 뭘 하세요?
   나 : 저는 집에서 책을 읽거나 여행을 가요.
   가 : 그래요? 그럼 다음에는 같이 여행을 가요.

35과

● 어휘

1. 1) 삼계탕 2) 태권도 3) 한복 4) 찜질방
2. 1) 떠날까요 2) 상 3) 설명할까요 4) 고민

● -는 것

1. 2) 입는 것 3) 만드는 것 4) 보는 것 / 보는 것
   5) 읽는 것 6) 모르는 것
2. 〈예시 답안〉
   1) 저는 게임을 하는 것보다 운동을 하는 것을 더 좋아해요.
   2) 제 동생은 음악을 듣는 것보다 노래를 부르는 것을 더 좋아해요.
   3) 청소를 하는 것보다 요리하는 것이 더 힘들어요.
   4) 비타민을 먹는 것보다 운동하는 것이 건강에 더 좋아요.
   5) 명동에서 쇼핑하는 것보다 친구와 같이 얘기하는 것이 더 재미있어요.

● -아/어/여 보다

1. 1) 마셔 2) 여행해 3) 불러 4) 들어 5) 안 타
2. 〈예시 답안〉
   1) 찾아 2) 가 보세요 3) 안 만들어 봤어요 4) 안 가 봤어요
   5) 식당 아르바이트를 해 봤어요
3. 〈예시 답안〉

가 : 장핑 씨, 테니스 치는 것을 좋아하세요?
나 : 네, 시간이 있으면 자주 테니스를 쳐요.
가 : 그래요? 저도 테니스 치는 것을 좋아해요.
그럼 학교 테니스장에(서) 테니스를 쳐 보셨어요?
나 : 아니요, 테니스를 쳐 보지 않았어요.
가 : 그럼 거기에서 테니스를 쳐 보세요. 아주 좋아요.
나 : 알겠어요. 고마워요.

36과

● 어휘

1. 2) 닫다 3) 어둡다 4) 가짜 5) 늦게
2. 1) 지각하지 마세요 2) 놀이공원 3) 무서워서 4) 아까
   5) 통화할까요 6) 축제

● -(으)ㄴ/는데요

1.

동사	-는데요	-았/었/였는데요	-(으)ㄹ 건데요
가다	가는데요	갔는데요	갈 건데요
먹다	먹는데요	먹었는데요	먹을 건데요
찍다	찍는데요	찍었는데요	찍을 건데요
듣다	듣는데요	들었는데요	들을 건데요
살다	사는데요	살았는데요	살 건데요

형용사	-(으)ㄴ데요	명사	-인데요
크다	큰데요	의사	의사인데요
좋다	좋은데요	학생	학생인데요
덥다	더운데요	사전	사전인데요
재미있다	재미있는데요	아니다	아닌데요

2. 2) 없는데요 3) 시험 기간인데요
   4) 봤는데요 5) 운전 중인데요

● -(으)ㄹ게요

1.

동사	-(으)ㄹ게요
가다	갈게요
마시다	마실게요
부르다	부를게요
연락하다	연락할게요
먹다	먹을게요
앉다	앉을게요
돕다	도울게요
듣다	들을게요
만들다	만들게요

2. 1) 다시 전화할게요 2) 먹을게요 3) 살게요
   4) 열게요 5) 읽을게요
3.

장핑 : 여보세요. 마키 씨, 저 장핑이에요. 지금 통화할 수 있어요?
마키 : 미안해요. 지금은 바쁜데요.
장핑 : 그래요? 그럼 제가 이따가 다시 전화할게요.
(1시간 후)
마키 : 여보세요.
장핑 : 마키 씨, 지금은 통화할 수 있어요?
마키 : 네, 말씀하세요. 무슨 일 있어요?
장핑 : 내일 알렉세이 씨 생일 파티가 있어요. 그래서 준비할 게 좀 있어요.
마키 : 제가 뭘 준비할까요?
장핑 : 마키 씨, 음료수하고 접시를 준비할 수 있어요?
마키 : 접시는 집에 없는데요. 하지만 음료수는 가지고 갈 수 있어요.
장핑 : 그럼 음료수만 사 오세요. 접시는 제가 가지고 갈게요.
마키 : 다른 건 없어요?
장핑 : 제가 이리나 씨하고 압둘라 씨 전화번호를 몰라요.
마키 씨는 알아요?
마키 : 네, 제가 알아요. 제가 전화할게요.
장핑 : 좋아요. 그럼 내일 만나요. 알렉세이 씨한테는 비밀이에요.
마키 : 알겠어요. 내일 봐요.

37과

● 어휘

1. 1) 취소해야 해요 2) 돌아가셔서 3) 부탁하세요
   4) 안내해 주세요 5) 바꾸고 싶어요 6) 연락해요
   7) 다친 8) 고장 나서 9) 끄고 10) 포장해 주세요

● -아/어/여 주다

1.

동사	-아/어/여 주세요
가다	가 주세요
보내다	보내 주세요
연락하다	연락해 주세요
앉다	앉아 주세요
찍다	찍어 주세요
만들다	만들어 주세요
돕다	도와 주세요
듣다	들어 주세요
부르다	불러 주세요

2. 1) 가 주세요
   2) 바꿔 주세요
   3) 불러 주세요
   4) 싸 주세요(포장해 주세요)
   5) 찾아 주세요 / 기다려 주세요

● -아/어/여야 하다

1.

동사/형용사	-아/어/여야 해요
가다	가야 해요
먹다	먹어야 해요
입다	입어야 해요
공부하다	공부해야 해요
만들다	만들어야 해요
듣다	들어야 해요
돕다	도와야 해요
부르다	불러야 해요
크다	커야 해요
많다	많아야 해요
작다	작아야 해요

2. 1) 숙제를 해야 해요 2) 선물을 사야 해요
   3) 도와줘야 해요
   4) 〈예시 답안〉 돈이 많아야 해요
   5) 〈예시 답안〉 넓어야 해요.

3.

가 : 어서 오세요.
나 : 친구 생일이어서 선물을 사야 해요. 뭐가 좋을까요?
가 : 이 티셔츠 어때요? 색깔도 예쁘고 그림도 아주 귀여워요.
나 : 그림이 정말 귀엽네요. 하지만 제 친구는 키가 아주 크니까 이 티셔츠는 안 맞을 거예요. 좀 더 커야 해요.
가 : 큰 것도 있으니까 걱정하지 마세요.
나 : 그런데 가격은 얼마예요?
가 : 이만 칠천 원입니다.
나 : 좀 비싸네요. 깎아 주세요.
가 : 그럼 이만 오천 원에 해 드릴게요.
나 : 고맙습니다. 그리고 선물이니까 포장해 주세요.
가 : 알겠습니다. 잠깐만 기다리세요

22~41과 종합문제

1.④ 2.③ 3.① 4.② 5.③ 6.② 7.① 8.① 9.② 10.④
11.③ 12.③ 13.④ 14.④ 15.② 16.① 17.② 18.① 19.③ 20.④
21.② 22.④ 23.③ 24.② 25.② 26.③ 27.② 28.③ 29.④ 30.④
31.② 32.③ 33.③ 34.① 35.④ 36.① 37.① 38.③ 39.③ 40.①
41.③ 42.② 43.④ 44.③ 45.④